滄海叢刊

郭恒鈺 著

俄共中國革命祕檔

（一九二六）

東大圖書公司

國家圖書館出版品預行編目資料

俄共中國革命祕檔(一九二六)／郭恆鈺著. -- 初版. -- 臺北市：東大發行：三民總經銷，民86
面；　　公分.--(滄海叢刊)
ISBN 957-19-2071-1 (精裝)
ISBN 957-19-2070-3 (平裝)

1.中國-外交關係-俄國

644.8　　　　86001117

國際網路位址 http://sanmin.com.tw

© 俄共中國革命祕檔
——(一九二六)

著作人 郭恆鈺
發行人 劉仲文
著作財產權人 東大圖書股份有限公司
臺北市復興北路三八六號
發行所 東大圖書股份有限公司
地　址／臺北市復興北路三八六號
電　話／五〇〇六六〇〇
郵　撥／〇一〇七一七五——〇號
印刷所 東大圖書股份有限公司
總經銷 三民書局股份有限公司
門市部 復北店／臺北市復興北路三八六號
重南店／臺北市重慶南路一段六十一號
初　版 中華民國八十六年三月
編　號 E 62047
基本定價 肆　元
行政院新聞局登記證局版臺業字第〇一九七號

ISBN 957-19-2070-3 (平裝)

前言

本書是繼《俄共中國革命祕檔（一九二〇～一九二五）》之後，以俄共祕檔為主敘述一九二六年的中國革命。對莫斯科來說，這是具有決定性的一年，也是在莫斯科駐華代表之間對於中國革命問題爭議最多的一年。

從俄共祕檔來看，共有三個主題：中山艦事件、北伐及汪蔣合作策略。這三個主題形成一個核心問題：國共兩黨關係，而蔣介石又是此一核心問題的關鍵人物。

從一九二六年的俄共中國革命祕檔中，我們初次獲得下列認識：鮑羅廷與維廷斯基在國共兩黨關係問題上的兩條路線鬥爭、上海共產國際遠東局在「中國大革命後期」對於中共在政策上的直接影響、在遠東局內維廷斯基與拉菲斯的意見分歧，以及蘇共中央政治局毫不保留地支持鮑羅廷，也就是默認「鮑羅廷路線」。

北伐以後，維廷斯基與中共念念不忘黨外合作，主張發動群眾工作，爭取革命的領導權。邵力子在以國民黨和蔣介石的名義給共產國際的報告中指出：蔣介石堅持一個主義，在「容共」的條件下，由國民黨領導國民革命。但是，一言九鼎的蘇共中央政治局絕不改變以國共兩黨黨內合作形式的統一戰線。這個基本路線是「第一次大革命」失敗的「歷史根源」。一九二六年的俄共中國革命祕檔，對於瞭解所謂「第一次國共合作」，具有高度史料價值。

著者

一九九六年八月於柏林

俄共中國革命祕檔（一九二六）

目次

前言
第一章　胡漢民訪問蘇俄……一
一、「鮑羅廷之安排」……二
二、「胡漢民在莫斯科的工作計畫」……五
三、胡漢民與拉菲斯的三次談話……一四
四、國民黨加入共產國際……三八
五、關於胡漢民訪俄的幾點看法……五二

第二章　張作霖與馮玉祥……五九
一、中東鐵路……六〇
二、馮玉祥訪問蘇俄……六六
第三章　中山艦事件……七三
一、「反共行動」、「倒蔣陰謀」……七三
二、蔣介石：當機立斷……七九
三、反共第一，抗俄次之……八六
第四章　俄共祕檔中的中山艦事件……九五
一、言行失體……九七
二、撤換鮑羅廷……一〇八
第五章　莫斯科：北伐從緩……一一九

第六章　莫斯科：路線不變……………………………………一三一
一、國共分家？…………………………………………一三二
二、中共中央七月擴大會議……………………………一三六
第七章　遠東局的調查報告……………………………………一四一
一、廣州調查……………………………………………一四二
二、調查報告……………………………………………一五一
三、汪蔣合作……………………………………………一六一
第八章　誰是國民革命的領導者？……………………………一七一
一、蔣介石：一個主義、一黨專政……………………一七一
二、莫斯科：授動鮑羅廷………………………………一八三
三、共產國際執行委員會第七次擴大全會……………一九〇

第九章　一九二六年的中國革命……二〇五
一、國共兩黨關係……二〇五
二、鞏固國共統一戰線……二一一
第十章　鮑羅廷論「中國大革命」……二一九

第一章　胡漢民訪問蘇俄

在大陸出版的《民國人物傳》是中國社會科學院近代史研究所在編寫《中華民國史》的計畫中發行的三種資料之一。有關胡漢民訪俄的記載是：「在汪精衛的支持下，九月間，以『出使蘇俄』為名到蘇聯去了。一九二六年四月末，胡漢民從蘇聯回到廣州。」❶汪精衛「支持」誰？語焉不詳。胡漢民在莫斯科停留了將近五個月（一九二五年十月二十八日至一九二六年三月十三日）❷，做些什麼？「要求真實可信」的編者，大躍進，隻字不提。

❶ 周天度：「胡漢民」，見：《民國人物傳》，第一卷，中國社會科學院近代史研究所，李新、孫思白主編，北京，一九七八，頁一三五。

❷ 《胡漢民先生年譜》，蔣永敬著，臺北，一九七八，頁三五六、三七二。

一、「鮑羅廷之安排」

根據汪精衛於一九二五年九月十五日在國民黨中央執行委員會常會中提出的報告是，「政治委員會議根據廖同志未被刺以前之決議，仍請胡同志往外國接洽。……」❸蔣永敬教授在《胡漢民先生年譜》中指出：「汪於氣燄高漲之下，決定使展堂先生離廣州赴俄，實受鮑羅廷之穿鼻。」❹「此實出於鮑羅廷之安排」❺。

同日，九月十五日，汪精衛又以中央執行委員會名義致函蘇俄共產黨中央執行委員會。函云：「本黨自今年三月間，總理逝世後，即欲遣一重要同志來蘇俄與諸先生商量種種重要問題；惟因時局關係，諸重要同志各有任務，以致未能成行。茲者胡漢民同志以政務繁冗，身體不適，有轉地療養之必要，本黨託其來俄一行，即有益於療養，又得乘此機會與諸先生會晤。胡漢民同志現為本黨中央執行委員及政治會議委員，又兼政府委員及外交部長諸要職，

---

❸ 「民國十四、九、十五、中執會紀錄」，引自：《胡漢民先生年譜》，前出，頁三五一。

❹ 同上，頁三五一。

❺ 同上，頁三五〇。

其在本黨之歷史的關係，想已為諸先生所深知。此次與諸先生會晤，所欲商榷者，為關於政治經濟之一切重要問題；關於黨的組織、宣傳各種問題，及中國國民革命時代所應取之策略等等。本黨已授權於漢民同志，俾得與諸先生詳細接洽，報告於本黨斟酌施行。」❻

中共對於胡漢民訪俄，不表同意。根據俄共祕檔，似與胡漢民的訪俄任務和袁慶雲有關。一九二五年底，中共參加共產國際執行委員會第六次擴大全會（一九二六年二月十七日～三月十五日）的代表團（蔡和森、李立三、向警予）詢問共產國際對胡漢民馬上回國的看法。共產國際東方部主任拉斯科尼可夫（Raskolnikov, F. F., 化名：Petrov）在一九二五年十二月四日寫給維廷斯基(Vojtinskij, G. N.)的信中說，中共代表團提出這個問題，說是受中共中央委託，因為他們認為胡漢民回國會對中國的民族解放運動發生極大作用❼。當時，中共黨員袁慶雲（俄名：Janovskil）負責中共駐莫斯科區委及國民黨駐莫斯科區委。拉斯科尼可夫指出，這兩個組織已成為袁個人操縱的危險工具，對袁已失去控制，並且在胡漢民及其他問題方面，背後搞鬼。莫斯科有意撤銷這兩個區委組織，把袁慶雲交給維廷斯基使用，但是

❻ 同上，頁三五一～三五二。原註：「原稿由政治會議送中央常務委員會轉請鮑羅廷譯為俄文，有鄒魯、譚平山之簽名。（黨史會藏函稿原件）」

❼ 「拉斯科尼可夫給維廷斯基的信」，莫斯科，一九二五年十二月四日。

目前又缺少適當的翻譯人員❽。

胡漢民抵莫斯科後，對外在「真理報」發表了一篇文章「中國和十月革命」❾和同「真理報」記者的談話❿。對內胡漢民給蘇方寫了兩封信，對他迄今未能獲得利用訪俄機會了解俄國的革命經驗，深表遺憾；因為他對俄國革命運動發展的不同階段、俄共的建黨歷史、以及蘇維埃政權的結構等問題，頗感興趣⓫。胡漢民的不滿，俄方不能漠視不理。一九二五年十二月十一日，拉斯科尼可夫寫信給「全俄對外文化交流協會」主席科梅尼瓦女士(Kameneva, O. D.)表示，俄方非常有意詳盡解答胡漢民所提出的問題，但是不願直接出面，因此函請該會負責安排胡漢民與有關負責同志的晤談⓬。

---

❽ 同上。

❾ 胡漢民：「中國和十月革命」（一九二五年十一月十九日），見：《1919～1927蘇聯「真理報」有關中國革命的文獻資料選編》，第一輯，成都，一九八五，頁一五二～一五六。

❿ 「胡漢民談帝國主義分子的陰謀」（一九二六年一月二十七日），同上，頁一六一～一六二。

⓫ 「拉斯科尼可夫給科梅尼瓦的信」，莫斯科，一九二五年十二月十一日。極密。

⓬ 同上。

二、「胡漢民在莫斯科的工作計畫」

關於胡漢民在莫斯科的活動，《胡漢民先生年譜》說：「展堂先生抵莫斯科之次日，即囑祕書朱和中以電話通知蘇俄外交部，約訪加拉罕，加即派汽車來接，且云擇日邀展堂先生觴敘，並允即訂參觀程序表。五日後，始送來程序表，其中多為觀劇及遊宴，展堂先生以表中所列活動項目，均非重要，因囑和中向蘇俄外交部交涉改進，據復將有第二、第三表繼續擬訂。此時適有中共黨徒名袁慶雲者來訪，自稱為第三國際（共產國際）主席團之職員，向展堂先生等炫耀，謂參觀程序表將由他向第三國際組織洽訂，惟終無表送來，乃知其妄。」[13]

在俄共祕檔中，有一個文件是：「胡漢民在莫斯科的工作計畫」。這個計畫是根據袁慶雲的轉述做成的紀錄[14]，原件很長，共有六大項目，內容如下：

---

[13]《胡漢民先生年譜》，前出，頁三五七。
本段文字沒有註明資料來源，係間接引自朱和中：「與胡漢民先生遊俄八個月之回想」，見：《胡漢民事跡資料彙編》，第一冊，香港，一九八〇年，頁一五五～一五六。

[14]「胡漢民在莫斯科的工作計畫」（根據袁慶雲同志口述的紀錄），莫斯科，一九二五年十二月十一

㈠學習俄國革命的經驗

國民黨有長年的鬥爭歷史，但缺少與群眾的結合。在最近兩年來，中國的民族革命運動蓬勃發展，因此，國民黨獲得與群眾結合的機會，並成為民族革命運動的真正領導者。另一方面，在此一發展過程中，未能克服諸多缺點，還不是一個能夠領導運動的有力政黨。

代表團訪問蘇俄的主要目的是，學習俄共的發展，以及俄國革命的經驗。代表團也要學習俄共領導成功的方法，主要是以下開三個階段為主：

A、俄共發展的基本問題——至戰爭開始

1. 資本主義在俄國的發展及其對農民的影響
2. 工人運動的發展及其形式
3. 俄共的形成及其組織原則
4. 俄共黨中的農民問題
5. 俄共與其他政黨的關係
6. 布爾什維克主義與孟什維克主義在組織鬥爭方面的區別
7. 布爾什維克與孟什維克策略的區別

日。

8. 一九〇五年的特徵

9. 一九〇五年的策略與口號

10. 一九〇五年革命的教訓

11. 一九〇五年孟什維克的主要失誤

12. 一九〇五年以後工人運動的情況及其組織問題

B、俄共的發展與策略——至十月革命

1. 俄共對戰爭的態度

2. 戰爭對城鄉人口的影響

3. 二月革命後俄共策略的前提

4. 二月革命期間資產階級的角色

5. 克倫斯基政府的垮臺及蘇維埃的建立

5a. 布萊斯特和約（袁慶雲補加）

C、十月革命後俄共的再建

1. 戰時共產主義的意義

2. 戰時共產主義期間國家與農民的關係

3. 俄共新政綱的內容
4. 在合法條件下組織再建的前提
5. 戰時共產主義的結果
6. 推展新經濟政策的必要
7. 在執行新經濟政策期間的農民政策
8. 在執行新經濟政策期間對私人資本成長的調整
9. 在執行新經濟政策期間的工資政策
10. 新經濟政策對「剪刀差」〔價格〕的終止
11. 貨幣改革的意義及方法
11a. 蘇維埃體制中工會的角色（袁慶雲補加）
12. 黨內托洛斯基主義的錯誤
13. 列寧死後俄共的發展
14. 黨對國家的領導
15. 黨在鄉村工作的經驗⑮

---

⑮ 同上。

㈡瞭解蘇維埃體制

蘇維埃政權是從資本主義走向社會主義過渡時期無產階級國家的形式。因此，這個國家的原則與資本主義國家的原則完全不同。如果我們要考察任何〔有關國家的〕建設與結構，我們就必須首先研究它的原則，然後才能進行實際情況的學習，否則就會造成對實際生活的困難。基於此一認識，我們提出下面項目：

A、在外交方面

1.蘇維埃社會主義共和國聯盟的憲法

2.蘇維埃社會主義共和國聯盟的選舉法

3.國家機構的組織原則

4.蘇維埃共和國存在的必要以及此一聯盟的特性

5.基層與中央的關係

6.蘇維埃如何選出

B、在經濟方面

1.目前的經濟政策

2.國內貿易的基本問題

3. 對外貿易的基本問題
4. 電氣化
5. 國家資本與私人資本的關係
6. 農業公社的情況
7. 城鄉合作的情況
8. 帝國主義者的金融政策及其金融攻勢
9. 農民貸款的成果

C、在軍事方面

1. 紅軍的組織結構
2. 兵役義務
3. 紅軍的組織原則
4. 軍隊的政治工作
5. 軍隊軍事技術的現狀
6. 軍隊的行政工作

D、在教育及文化工作方面

1.教育的目標及教育規劃

2.學校的組織結構與學校規劃的內容

3.提高工人階層文化水準的方法⑯

第㈢、㈣兩項是「工作計畫」的重點，全文譯出：

㈢討論關於國民黨的策略及組織問題

國民黨是中國民族革命運動中唯一的、具有領導地位的政黨。因此，它的任務是，領導此一運動走上正確的道路，並且在戰鬥的過程中加強它的組織。在兩個範圍內，我們提出下列問題：

A、目前策略的前提

1.國民黨最重要的策略任務是，在廣大的革命群眾中鞏固黨的基層。因此，對於國民黨來說，「征服群眾」，至為重要。

2.談到群眾，我們所瞭解的是，農民和工人。在像中國這樣的半殖民地國家的條件下，暫時地構成革命團體的成分是國內的資產階級、小資產階級、手工業者和知識分子。

---

⑯同上。

因此，我們必須把注意力放在民族革命運動的統一戰線上。對下面的兩個問題，尤應全神貫注：a.在反帝戰線存在的條件下，應如何制定我們面對小資產階級的策略，以期能使他們對帝國主義進行積極地鬥爭？b.針對小資產階級，我們應該採取何種策略，以免他們危害工農利益？

3.我們反對帝國主義者的口號是，統一中國和由中國人民接收政權。採取何種做法、在何種形式（如國民議會）和在何種口號下，才能在目前的情況下使群眾投入運動來推展鬥爭？

4.國民軍是中國軍事制度的產物。雖然他們目前參與民族鬥爭，實際上他們是各自為政。我們應該如何評估他們？對國民軍我們又應該採取何種策略？

5.在廣東政權統治下的地區內應該推行的經濟改革又如何？

6.在中國革命的發展過程中，國民黨應該進行國際宣傳和建立對外聯繫。在這方面我們應該做的又是什麼？

B、國民黨黨內的組織問題

1.國民黨右派今天已經離開了革命運動。對他們，我們應該採取何種策略？

2.如何建立工農組織？

3.如何在非廣州政權統治下的地區建立國民黨組織？

㈣研擬國民黨政綱草案

每一個政黨都有一個明確的政綱。國民黨在過去的鬥爭中，只有一個一般性的方向。但是現在的現實生活則要求制定一個具有科學理論性的政綱。

1.國民黨是一個積極的政黨。因此，制定一個明確的政綱是必需的；這樣才能在任何具體情況下確定這樣或那樣的策略步驟。

2.有一部分群眾和黨員不瞭解孫文主義。他們對孫文主義的認識是純沙文主義的，這是因為國民黨從前沒有明確的、理論的原則所致。因此，現在必須要研擬一個政綱，以期得以確定中國革命的根本途徑。

3.黨要推行果斷的行動。前提是有自覺的和革命的黨員。目前，在國民黨內有太多不想參與革命的右派和中派分子，他們妨礙了黨的工作。

國民黨的政綱要指出明確的行動範疇，以期能使每一個黨員都能在這些範疇內承擔義務；如果有黨員拒絕約束，就必須離黨。

4.政綱必須對中國所有被壓迫的群眾指出國民黨的任務與策略，以期能聚集所有真正的革命勢力，並加強革命戰線。

附註：我建議由蘇俄及中國同志組成一個相關委員會，研擬一個政綱草案，轉交國民黨中央執行委員會審查，再交給國民黨代表大會付諸討論。⑰ ㈤、㈥兩項原件省略）

三、胡漢民與拉菲斯的三次談話

上引「胡漢民在莫斯科的工作計畫」，基本上符合上述九月十五日汪精衛以中央執行委員會名義寫給蘇共中央的信的內容。胡漢民重視此行任務，既非「療養」，亦非被逐之「楚囚」（胡去國之日，作「楚囚」詩）；從「工作計畫」及其「附註」來看，胡漢民是有備而來，且謹慎從事，並非如朱和中所說：「然而中國共產黨與第三國際東方部之陰謀則轉急，由袁慶雲約一東方部部員拉菲斯向胡漢民提議，修改中國國民黨黨綱。……然胡先生處此環境，亦不得不虛與委蛇。」⑱

⑰ 同上。

胡漢民訪問蘇俄活動的中文資料不多。有關專著、論文都引用朱和中的「與胡漢民先生遊俄八個月之回想」。這篇「回想」與俄共祕檔的有關記載，相去太遠。胡漢民與拉菲斯的三次談話，即其明例。

《胡漢民先生年譜》根據黨史會所藏當時廣州民國日報，引述胡漢民曾致函廣州國民黨中央向汪精衛報告胡與拉菲斯討論修改黨綱之經過：「連日與第三國際宣傳部拉菲斯等討論黨綱，結果大致須依三民主義（平行的）原則所提出民族問題、對外問題、政治組織問題、階級問題，俱與現在國民黨綱大同小異（差者很少）。弟因覺得第一次大會宣言及黨綱，更無全部改作之必要，祇得對於一二點更加具體的規定及顯豁的說明而已足。」⑲胡漢民的這個「報告」，可以說是點到為止，並未能夠使人瞭解討論修改黨綱之經過。

在俄共祕檔中，有一個相當長的文件是：「拉菲斯與胡漢民的談話紀錄」⑳，這個三次談話紀錄的文件，對於瞭解胡漢民訪俄期間的言行，非常重要。

---

⑱ 朱和中，見⑬，頁一五九。

⑲ 《胡漢民先生年譜》，前出，頁三六一～三六二。原註：「此函全文載於民一四、二、五，廣州民國日報（剪報。黨史會藏）」

⑳ 「拉菲斯與胡漢民的談話紀錄」，莫斯科，一九二五年十一月十二日、十二月七日及十二日。

朱和中在他的「回想」中提到：「第一次談話，胡先生即請將黨綱中指出何條何點修改，其要修改之理由為何？拉菲斯不能答。胡先生反詰之曰：『君亦曾見中國國民黨黨綱乎？』拉曰：『見之。』曰：『能背誦乎？』曰：『不能。』胡曰：『吾以為君殆未曾見吾中國國民黨之黨綱也，如其見之，則必自知其不必修改矣。』拉亦知其無結果，乃責令袁慶雲將中國國民黨黨綱譯成俄文，然後再議。……拉袁二人至是，已如黔驢，技盡於此矣。」㉑

拉菲斯（Rafes, M. G., 化名：Maks, 共產國際宣傳部幹部，一九二六年後，任上海共產國際遠東局祕書）與胡漢民的談話共有三次。第一次是一九二五年十一月十二日。原件沒有註明參與談話人員。根據文件內容，袁慶雲擔任翻譯，杜必索夫（Dobisov, M. E., 共產國際東方部幹部）負責紀錄。

俄共祕檔原件的第一次談話紀錄，全文譯出如下：

與胡漢民的第一次談話

胡漢民 我的主要任務是，與有經驗的黨務人員澄清國民黨目前所面對的問題，即：

㈠如何看待孫中山主義（民族主義、民權主義及社會主義）的理論？

㉑ 朱和中，見⑬，頁一五九。參閱：《胡漢民先生年譜》，前出，頁三六〇。

(二)用何種方法來實現此一主義？

(三)澄清中國革命的理論基礎。

我們黨內有很多人認為三民主義中最重要的是民權主義。依我來說，這是錯誤的。因為社會主義才是三民主義中最重要的。因此，在我們黨內對於中國革命沒有統一的看法，在黨員之中存有不同的傾向，制定統一的策略也就困難重重。對我來說，與同志們(杜必索夫註：係指俄共)澄清如何看待中國革命是非常重要的。

對於三民主義理論的存在，必須指出：沒有理論，就沒有革命，但是沒有行動，革命也不可能。國民黨必須第一要澄清中國革命原則上的前提，第二要研究如何制定推行中國革命的方法。

在我們黨內，有些右傾分子認為，孫中山主義的革命是純粹的民主革命和民族革命。因此，他們早已遠離革命；成為公開的反革命分子，已為期不遠。有一部分右派分子懂得孫中山的社會主義，但是他們根本沒有實現它的想法。因此，我們認為，國民黨迄今還沒有一個政綱；為國民黨制定一個自己的政綱，非常重要。黨無政綱，就無能為力。對於黨來說，黨要擁有堅定的革命分子也是必要的。因此，應該著手清黨；當然這要謹慎從事，要在我們提出革命的政綱之後進行。這個政綱會迫使非革命分子離開黨的行列。

黨要進行改組。國民黨需要一個以世界革命為基礎的理論。我們黨內的優秀分子瞭解這一點，但是黨內的小資產階級不懂。黨的主要任務是，把革命勢力聚集在國民黨的旗幟之下。為此，一個能夠吸引全國所有革命勢力進入黨內的明確的革命政綱，就不可缺少。

拉菲斯 簡單答覆如下：胡漢民提出關於制定一個綱領的原則是正確的。三民主義的理論只有在正確的詮釋之下，才能用為這個綱領的出發點。這個綱領不能機械地導致肅清，而是政治上的淘汰。國民黨是一個無所不包的政黨，因此，對三民主義的認識也就不同。拉菲斯同志接著解釋如何正確瞭解三民主義的存在及對它的正確認識，使國共兩黨的聯盟成為可能。針對國民黨要接近所有參與中國革命的社會力量的問題，拉菲斯說，只有在黨學會利用少數的反革命勢力或潛在的反革命勢力來鬥爭目前反對中國革命、支持帝國主義的公開的反革命分子，只有在這種情形下，黨的策略才會是正確的。

胡漢民 不把國民黨內的右派視為在孫中山旗幟下進行鬥爭的盟友。相反地，他認為這些人是叛徒，因此，國民黨的左派要開除他們。

拉菲斯　對胡漢民談到的「左傾」加以解釋並重複他的看法；對右派分子目前應該特別小心從事。

胡漢民　他基本上同意拉菲斯的觀點，但仍要提出下列不同的看法：孫中山的三民主義理論不能分割。中國需要民族主義的口號，因為它合乎反帝鬥爭的要求。這第一個主義要透過第二個主義——民權主義，也就是由全體中國人民投入中國的解放事業來實現。第三個主義只捍衛工人階層——農民和工人的利益。因此，這三個主義是一個整體，不得分割。但是，整個中國（根據袁慶雲的解釋是：中國的所有階級。——杜必索夫註）不可能在這三個主義之下聚集起來。吳佩孚也許會支持民族主義的口號，但不能因此而得出結論說，吳佩孚支持孫中山的學說。我們只能把資產階級看作是一種反革命勢力。事實證明，也確是如此。因此，我們不能與資產階級建立同盟，就因為他們是反革命的。

從今天的談話中，我們可以得到結論如下：國民黨是中國革命的領導者，它依靠群眾推展革命，捍衛勞動人民的利益。在黨的策略任務方面，這個黨也能依靠其他勢力，但黨還未能把這些力量吸入黨內。[22]

---

[22] 見[20]。

胡漢民與拉菲斯第二次談話的時間是，一九二五年十二月七日。朱和中在他的「回想」中，沒有提及這次談話。第二次談話紀錄，全文譯出如下：

與胡漢民的第二次談話

出席人員：胡漢民同志及其兩位祕書〔李文範、朱和中〕，兩人同時紀錄談話。

俄方是：拉菲斯、杜必索夫及傅金㉓三位同志。

拉菲斯　我們已經看到根據你的意見制訂的工作計畫。其中最重要的一點是〔三〕B：國民黨的社會基礎。我們對於我們談話的理解是，我們幫助你們自己研擬一個國民黨的策略和綱領。因此，對我來說，最重要的是，你應該明確表達你對於劃清國共兩黨界線的想法。兩黨都在爭取群眾，在這一方面，兩黨有無任何區別？

胡漢民　我認為，澄清國共兩黨的特性，是我們制定國民黨黨綱草案工作的重點。我的瞭解是，國民黨是一個擁有悠久歷史的政黨。這是說，它始終向前邁步，而且是與中國的發展同步前進；國民黨不斷地配合中國的發展條件。在中國，國民黨的存在，

㉓ 傅金(Fokin, N. A.)，青年共產國際執委會幹部。一九二六年任青年共產國際駐華代表及上海共產國際遠東局委員。

目前來說，尤其重要，因為我們還未能超出民族解放運動的範疇。這是說，現在還不能提出更大的任務。我承認，中共與國民黨必須存在，兩黨應該共同努力推展中國革命。國共兩黨的任務是，互相緊密聯合，並努力避免衝突與糾紛。在這種瞭解下，黨來繼續它的合作。我想問你：國民黨所面對的任務與中共所面對的任務有何區別？國共兩黨任務的區別在那裡？

拉菲斯　我不拒絕表示我對國民黨任務的理解。但是，從你的語言中，關於國共兩黨從社會基礎的觀點來劃清界線的基本問題，仍不清楚。

胡漢民　在廣東，國共兩黨在工作上沒有劃清界線。雖然如此，那裡的情況還是令人滿意的。

拉菲斯　目前國共兩黨關係，在中國並非到處相同。你一定知道，最近召開的中共中央會議〔九月，中共在北京召開第四屆中央執行委員會第二次擴大會議〕決議認為，一如在上海和北方，國共兩黨在廣東也可以在組織上劃清界線。但是，中共黨員要和從前一樣留在國民黨內。你的想法是，你認為不必改變目前廣東的現狀？

胡漢民　確是如此。在廣東國民黨推展工作。在上海，由中共負責，因為在那裡國民黨的組織還微不足道。

拉菲斯　如果兩個組織並存，而且兩者並無區別，從解放運動的立場來看，無異是極端有害的浪費精力。兩者之間只能有一個存在：不是中共是多餘的（我並不認為如此），就是國民黨。這個問題必須澈底澄清，否則無法解決其他問題。

胡漢民　國民黨最終會在中共黨內溶化，這是不可避免的。在目前的情況下，這是不可能的，但這只是一個時間問題。

拉菲斯　依你的意見，在目前是什麼情況使國民黨不能在中共黨內溶化？

胡漢民　國民黨在目前的任務是，解決與民族解放運動有關的任務。因此，在此一過渡時期國民黨〔的存在〕是必要的。

拉菲斯　你的意思是，兩黨各自為政？中共參加國民黨的工作，但國民黨不參加中共的工作？

胡漢民　因為我們是朋友，我必須坦白地說，目前的國共兩黨關係並不令人滿意。在國民黨內，中共黨員的策略，對國民黨中央是保密的。但是，國民黨中央瞭解中共的策略是必要的。我曾與鮑羅廷談到這一點，他也同意我的意見。但中共黨員反對中國共產黨公開活動。

拉菲斯　我們贊成儘可能有一個緊密的、革命的國共聯盟。但是，我們堅持列寧同志的策略形式：「為了能夠聯合，必須首先劃清界線。」這是說，必須澈底澄清參與聯合雙方的目的與任務。

胡漢民　對的。我們必須首先澄清國民黨的具體任務。

拉菲斯　為了說清我對國民黨在中國的任務的想法，先提出一個例證。一九〇五年，俄國第一次革命時，有一個大的政黨叫特魯道維奇㉔。他們聯合了廣大激進的城市知識分子群眾，對農民群眾也有很大的影響，大多數還是出身農民的城市小資產階級也是他們的同路人。特魯道維奇者，從未著手與工人階級取得組織上的聯繫，因為他們認為，工人階級應該跟進，也必須跟隨他們自己的階級政黨——布爾什維克。列寧就把特魯道維奇視為無產階級的同盟者。當然，一九〇五年俄國革命的特魯道維奇不能與在中國進行反帝的民族解放運動的國民黨相提並論，但兩者確有其相似之處。國民黨在中國的任務是，用一個民主的革命勢力爭取實現統一獨立的中國；這個革命所面臨的任務是，滿足百萬農民及工業無產階級在社會福利方面的最低要求。國民黨的社

㉔ 特魯道維奇(Trudoviki)是一九〇六年第一次國會（杜瑪）中由一〇七名多數是資產階級的議員組成的工作組。他們要求土地要在由人民自己制定的前提下交給人民。在第三次國會中，黨員代表微不足道，失去作用。

會基礎——這是研擬政綱時必須注意的——要由革命的知識分子、農民的某些階層，以及城市小資產階級構成。中國共產黨是一個階級政黨，它的任務是聯合無產階級，並同他們一起完成創造共產社會的歷史任務。中國共產黨的最終目的是建立無產階級專政，蘇維埃政權。當然，中國共產黨要試圖聚集廣大的農民階層。因為中共直接的政治任務是，在中國進行取得民族解放運動勝利的鬥爭。在這裡，國共兩黨的任務接近；在這裡，兩黨有共同鬥爭和組成聯盟的基礎。但是，中國共產黨是無產階級的政黨則依然不變；它的社會基礎比國民黨的社會基礎狹窄得多，它的最終目的則遠遠超出國民黨的最終目的。

胡漢民 我看不出俄國革命與中國革命有何相似之處。你要把國民黨變成一個小資產階級的政黨，就像俄國的特魯道維奇那樣。但是，國民黨不能與特魯道維奇同日而語。國民黨的最終目的是社會主義，並不局限於民權主義。我們認為，我們是一個接近共產國際的政黨。

拉菲斯 我並不堅持特魯道維奇與國民黨完全一致，但兩者之間確有其相似之處。至於社會主義的實現，這在特魯道維奇的宣言中也曾提及。但是，我們共產黨人對於社會主義以及實現這個主義的道路的理解，與特魯道維奇者完全不同。

胡漢民　我完全不同意你的說法。西歐國家的無產階級與殖民地及半殖民地國家的無產階級完全不同。在中國，不僅城市工人是無產階級，農民也是。在中國，真正的無產階級為數不多，難以突出。因此，中國共產黨不僅要聯合工人，也要聯合農民。

拉菲斯　雖然如此，我還是迷惑不解。我們有兩個在任務上及在社會基礎方面完全相同的政黨。如果中國共產黨的任務就像你所說的那樣，同時又否定中共獨立的社會基礎，果真如此，那對中國革命來說，中共的存在是危險的，那最好是解散中國共產黨了。

胡漢民　如果你從我的談話中得到這樣的結論，那我們的談話就難以繼續下去。我認為，中共應該繼續存在，不必解散。但是，國民黨要爭取加入共產國際。

拉菲斯　我的措詞尖銳，是為了加深我們的瞭解。我無意強迫你接受我的說法。關於國民黨的綱領應由國民黨人自己研擬一點，我們已經取得共識。如果國民黨代表大會通過一個決議，對共產國際表示共鳴，並視為民族解放鬥爭中的盟友，共產國際一定會贊同這樣的決議，也會與國民黨建立兄弟關係，就像國民黨與中國共產黨目前存在的關係一樣。但是，你認為中國共產黨與國民黨對共產國際應該持有完全相同的關係嗎？

胡漢民　我們提出制定黨綱這個問題，是要探索國民黨發展的途徑。我們是革命的參與者。從德國和土耳其的經驗中，我們知道土耳其人民黨就其本質而言，是一個資產階級政黨。德國的社會民主黨人也是資產階級利益的捍衛者。因此，我們要特別提防走上土耳其民族主義者和德國社會民主黨人走過的路。

拉菲斯　我覺得德國社會民主黨人的提示並不恰當，因為我們在這裡所面對的社會政治條件完全不同。土耳其人民黨現在已經成為一個資產階級的政黨，這是對的。但是，你不能否認，這個黨在某一階段曾扮演過革命的角色；在某種程度上，現在還是如此。在中國，我們不能仿效（土耳其）卡瑪爾政黨，這是對的，因為在中國的條件不同。

胡漢民　黨的綱領是一個政黨賴以發展的基本路線；黨的策略則受了短暫地變化過程的影響。從基本的綱領論點來看，我們無法與小資產階級結為同盟，但從策略的觀點來看，則有其可能。我們可以同小資產階級結盟，但我們不能使自己成為小資產階級的捍衛者。

拉菲斯　你的錯誤是，你從廣東看天下。在廣東，由於內戰和革命政府的存在，已經使社會上的各種勢力在某種程度上境界分明。但在華北與華中情況則完全不同。我們認為，大資產階級已經逐漸脫離民族解放運動。在國民黨內和在學生陣營中，也有某些分化的現象。現在要進行爭取小資產階級的鬥爭。遲早國民黨的右派要成立一個民族的、資產階級的政黨，脫離國民黨，並爭取那些直到今天還跟著國民黨走的小資產階級和農民。國民黨在制定黨綱時，要注意的就是這些人。至於胡漢民同志自己和國民黨內一些極左的黨員是否滿意一點，這不是問題。問題在於不能逼小資產階級投入反動陣營，必須緊緊抓在我們這一邊。

胡漢民　基本上我同意，黨綱要照著這個意思來制定。在革命高潮時，策略與綱領沒有很大的區別。在廣東最重要的口號是，反對帝國主義。如果我們組織抵制英貨運動，為了達到目的就必須讓美貨和日貨進入廣東。針對小資產階級也是如此。我們必須利用小資產階級，但不能使捍衛小資產階級的利益成為我們原則的前提，我們要在這種意義下來制定綱領。早期的右派分子已經離開了國民黨，我們不必考慮這些人。現在正在出現的右傾暗流，還不成氣候，我們可以置之度外。只有國民黨的左派應予注意。如果我們在孫中山的三民主義的基礎上制定一個綱領，那我們就會爭取到中國所有的革命分子。資產階級是一個反革命的社會階層。也許我們不會公開提倡社會主義，但是，我們不能否認在革命的過程中有矛盾存在。如果我們組織工會，我們就會告訴工人說，我們成立一個保護他們利益的組織。小資產階級當然是反對成立這種工人團體，這就產生了矛盾。至於無產的農民也不例外。

拉菲斯　我們沒有足夠的資料，來支持矛盾如此深化的看法。如果國民黨放棄對工人鬥爭的組織和領導，在某種程度上可以緩和這種矛盾。這件事可以完全交付中共負責。國民黨應該堅持民族主義、民權主義及社會主義的原則。我在上次談話中提到我們如何理解三民主義〔原註重複，省略不譯〕。從你的談話中所得到的印象是：孫中山主義中的民族主義與民權主義是從屬於社會主義的。對中國共產黨來說，這可能是正確的，但對國民黨就不見得正確，因為這種說法會嚇跑小資產階級。在你的工作計畫中提到國民軍。我現在不想詳細討論這一點，只想從今天談到的相關問題來談論一下。

胡漢民　今天所談的，還不涉及原則問題。在原則問題上，我們之間沒有不同的意見。在什麼樣的精神態度下來制定綱領，還有待決定。

杜必索夫紀錄

一九二五年十二月七日㉕

㉕ 同⑳。

關於胡漢民與拉菲斯的第三次談話，朱和中在他的「回想」中說：「第三次之夕，袁即不來，和中乘袁不在，以德語訴中國共產黨之無狀，歷指其種種包辦，種種破壞革命之舉，胡先生亦歷歷指證，拉乃始終袒護。並於談話之際，知其有意消滅國民黨，且有併吞中國之野心，吾輩三人自是晚而後，均極感不快，和中且徹夜目未嘗交睫。……自是而後，吾輩皆有戒心，而修改黨綱之議，彼等從此亦不復提矣。」[26]《胡漢民先生年譜》也引用這段文字[27]，因為朱和中的「回想」是胡漢民旅俄行程及活動之主要資料[28]。不過，朱和中的「回想」與俄共祕檔的談話紀錄大有不同，值得商榷。譬如袁慶雲不但出席，而且還擔任翻譯。又如國民黨黨綱是這次談話的主題，而且拉菲斯又以「老大哥」的姿態，大放高論。這次談話也涉及到國家建設、少數民族、經濟綱領等問題，是一個重要文件。全文譯出如下：

與胡漢民的第三次談話（一九二五年十二月十二日）

出席人員：胡漢民同志及其兩位祕書

---

[26] 朱和中，見[13]，頁一五九。

[27] 《胡漢民先生年譜》，前出，頁三六一。

[28] 同上，頁三五二。

拉菲斯、杜必索夫

袁慶雲擔任翻譯

胡漢民 上次談話，我對你提出國民黨的綱領問題。我曾談及一些國民黨革命理論的基本想法。你說，應該避免使用造成革命陣營分裂的措詞。這是必要的。另一方面又要擁有一個可以使國民黨走上正確方向的基礎。因此，我的意見是，我們應從修改一九二四年國民黨一大通過的策略性的綱領著手。〔杜必索夫關於國民黨一大黨綱的附註，省略不譯。〕

拉菲斯 為了避免誤會，我應該指出：我的想法是，國民黨要在孫中山的三民主義的基礎上繼續發展。在上次談話中，我沒有建議不要社會主義。我只強調：民族主義與民權主義不能從屬於社會主義，而是三者協調一致。

杜必索夫 建議繼續前面的話題。

拉菲斯 我們在上次談話中提及的問題已經清楚，因為胡漢民同志表示同意：國民黨應該聯合小資產階級的、民主的社會階層、知識分子和某些農民階層，以及國民黨的政策和策略的重點是，不要嚇倒小資產階級。

胡漢民 我的具體建議是，我們今天首先決定國民黨革命理論的基本要點，以期防止國民黨內的某些黨員把國民黨變成一個機會主義的政黨。現在把這個基本要點指出是必要的。其次我們也要決定國民黨在目前的條件下所應遵循的策略。

拉菲斯　下面我所談的，是我個人的意見。依我意見，國民黨的綱領應該是這樣的：首先必須闡述外國帝國主義在歷史上如何阻擋和阻礙了中國人民的發展。在這一部分，對外國帝國主義侵入中國後的中國歷史進行史實的分析，並記述對中國的一切侵犯。同時也要對中國的民族解放運動的歷史，以及對從外國桎梏中解放出來的努力——一如我們對太平天國及義和團的反抗運動的觀察，予以分析。在這一部分，應該提示群眾：中國的發展永遠會遭遇到外國帝國主義頑強地對抗。史實的分析會馬上表明，國民黨是一個進行反帝鬥爭的政黨。

其次，國民黨內聚集了被壓迫的社會階層，而非地主和高級官員。從國民黨的本質出發，應該描述中國勞動大眾生活的形象。在這裡，必須寫出上百萬的中國人民的悲慘境遇和艱苦生活，以及他們如何反抗壓迫者。這樣就可以得出結論說，黨與勞動大眾同步前進。

接下去應該指出國民黨如何進行鬥爭。這一點也應該從史實觀點著手。在這裡，要對迄今所進行的民族解放運動給予批判，並指出國民黨是為了人民，並透過人民進行此一鬥爭。因為在孫中山民權主義的口號下，我們所瞭解的不是形式上的一個資產階級的、議會政治的政體，而是在實質意義上是一個有群眾獻身革命鬥爭和參與的真正的人民政權。

在我看來，下面應該在綱領中評估中國的經濟情況，回答下面這個問題：國民黨是否要開中國歷史倒車，是否要走西歐的進展路程。問題是，西歐侵入中國，把中國人民的許多階層陷入悲慘境遇。也許對貧苦手工業者群眾來說，「打倒帝國主義」的口號，跟排除與世界經濟任何聯繫的口號以及消滅所有進入中國的西歐科技的口號相比是倒退的，因而會解釋成為是使經濟發展倒退的一種努力。國民黨必須強調：國民黨全力謀求發展生產力，但要在自己的權力和自己的經濟經營的基礎上，而不是在外國資本統治的基礎上進行，因為後者只想從目前中國的發展中謀求利益。

接著應該評估現代中國的不同階級。胡漢民同志也許會說，國民黨不承認〔資產階級的〕革命角色。但在這裡應該提及中國的無產階級。就國民黨針對中國無產階級獨立自主的鬥爭所採取的態度這個問題而言，國民黨右派與左派分子的破裂，勢所難免。在綱領中應該說明的是，無產階級是唯一堅定的、革命的階級；國民黨是在與無產階級和他們的政黨緊密的同盟關係下，為實現民族解放運動而鬥爭。

接著下面在綱領中必須指出，小資產階級不應該被我們嚇倒。但要在綱領中寫明，與中國無產階級建立同盟的觀點，是不會嚇倒小資產階級的，反而會使國民黨與富有的資產階級劃清界限。這也應該是制定綱領的目的。

在綱領中應該提到的另外一個問題是，中國人民的鬥爭與全世界反帝鬥爭的關係。中國人民主要是為反對國際帝國主義而鬥爭，因此，所有進行同樣鬥爭的人都是中國人民的盟友和朋友。中國人民是英國帝國主義的敵人，但中國人民是英國工人的朋友，因為後者在家鄉也進行同樣的反帝鬥爭。印度人、黑人等等都是中國人民的同盟者，因為他們也在反對外國帝國主義鬥爭的行列之中。當然在綱領中不能談及共產國際，但在黨的代表大會和會議上，國民黨可以每次都提及共產國際和紅色工會國際在反對帝國主義鬥爭方面的貢獻。把任何有關共產國際或紅色工會國際的文字都寫在綱領之中是不適當的，因為這樣一來國民黨就必須表態：不是與共產國際團結一致，就是對共產國際進行挑釁。前者行不通，因為與共產國際團結一致會嚇跑小資產階級；後者亦然，因為這與國民黨左派真實的努力又不相符。

在這裡談談蘇維埃社會主義共和國聯盟是適當的，而且必須指出的一點是，蘇維埃社會主義共和國聯盟是唯一對中國沒有任何野心的國家，因為它自己是從持有野心的階級中解放出來的。蘇維埃社會主義共和國聯盟是唯一自願放棄在中國的特權及特殊權益並且公開聲明國境內外所有民族一律平等的國家。中國人民的政策應該集中於建立與蘇維埃社會主義共和國聯盟的同盟，兩個對等民族的同盟。在綱領中不必提到蘇維埃社會主義共和國聯盟內社會主義秩序的優越性這個問題，這個問題應該避免。

以上是我對共同部分的基本想法。至於撰寫上面談到的問題的順序，不必跟我的想法一致。我只想指出那些問題應該寫入綱領，範圍如何，如此而已。

現在我有幾個問題，想請教胡漢民同志。第一個問題是，你自己和國民黨對中國的國家建設的想法如何？目前我們在世界上有三個國家建設的基本形式：第一個是專制政體。第二個是資產階級議會政治的體制。第三個是蘇維埃體制。國民黨拒絕專制政體，因此就必須尋求一個適合中國四億五千萬農民人口的國家建設形式，但也不會是資產階級議會政治的民主體制，因為只有人民中的一個很小的社會階層，即上層社會人士能夠參與國家的領導。另外，蘇維埃體制是無產階級專政。無產階級在蘇聯也是一個少數，但他們依靠農民建立了蘇維埃政權，從而表達了無產階級的決心和階級志向。無產階級專政也不適合在中國目前階段的鬥爭，因此我提出這個問題：對中國來說，國民黨認為那一種國家建設的形式是最適合的？

胡漢民　你說的對，專制政體和議會共和的國家建設形式都不適合中國。至於第三個形式也不可能。但我可以稱之為人民專政、人民民主。

拉菲斯　好。人民專政的形式如何？

胡漢民　政權的形式可以像在廣東施行的那樣來組織。我們的想法是，從工人、士兵、農民、小手工業者和學生中選出代表，由他們掌握最高權力。這種組織形式與蘇維埃極為相似，但它包括的社會階層要比蘇維埃社會主義共和國聯盟的蘇維埃為多。至於在評議會中代表的比例名額我們還要考慮。

拉菲斯　依我的看法，在國家建設方面，中央集權主義與聯邦主義的問題也至為重要。這個問題又與中國境內的少數民族的民族獨立問題有些關聯。為了成功地把鬥爭進行到底，民族革命必須澈底集中權力，依靠統一的武裝力量和統一的外交政策。但中國不是由一個清一色的民族所構成。在革命期間曾引起地方情結，但在革命期間〔少數〕民族問題並未消失，這個問題應該審慎處理。在這方面，國民黨應該接受十月革命的原則和列寧的策略。中國必須公開聲明中國少數民族的自由和獨立，聯合所有民族的反帝的革命勢力，以及用統一的軍隊來建立一個自己的、獨立的、不受外國帝國主義壓迫的國家。這樣的宣佈今日中國各民族的獨立，並不意味中國的四分五裂，但也要留意這一點。

在革命期間，民族問題應該根據當時的政治情況具體解決。譬如英國帝國主義在革命期間宣佈西藏獨立。這種獨立的宣佈就等於英國吃掉西藏。當然，中國革命是不會承認的。但重要的是，誰來宣佈獨立。另一方面，我們又與依靠有組織的人民群眾的蒙古人民共和國有來往。這與廣東也有密切關聯，雖然蒙古是一個落後的國家。很明顯的，國民黨必須竭盡所能與蒙古建立正確關係，因為蒙古必須能夠參與和決定中國的前途問題。如果這對鞏固中國革命有所貢獻的話，我們會給予一個明確的答覆。但是，如果對帝國主義有利，那我們會有一個不同的答覆。

還有一系列的問題，我不能在這裡一一提出。最重要的是，必須宣佈所有自由，諸如工人的罷工權利，因為它在中國的民族解放鬥爭的情況下非常重要。其次是農民問題，也要注意。還有一些同時與中國民族解放運動特別有關的複雜問題。

我想指出，我在這裡所說的，不代表我們所有同志有組織的和最後的意見。我的同志對某些問題與我的看法一致，這是可能的。但不會對我提出的所有論點表示同感。這一點要請胡漢民同志留意。

胡漢民　從國民黨黨綱中的民族問題來看，我差不多同意你的看法。在國民黨一大時我們就已經決定，中國的每一個少數民族都擁有完全自決的權利。現在談談中國的階級關係。在策略性的綱領方面，我們在國民黨一大已經說明，國民黨要扶助工人。今天，在廣州國民黨中央委員會召開會議，我已經給全會發出一封電報，建議解決下面兩個問題：第一、扶助與保衛工人階級的具體措施，第二、明確制定我們的外交政策。在這個問題上，我們以前就決定以孫中山的理論為主。

我還有一個問題沒搞清楚，就是國民黨綱領中的經濟問題。我們當然要發展中國工業，但問題是，運用何種方式。在國民黨第一次代表大會上，我們決定走國家資本主義的道路來發展工業。

拉菲斯　經濟綱領這個問題太複雜。我們還會回頭來談這個問題。胡同志對於國家資本主義的看法是什麼？在西歐也有由國家經營的企業。國家資本主義是否表示禁止私人企業和工廠的存在？

胡漢民　我們不會沒收小型工廠。在中國還沒有大型的工廠。但是鐵路、銀行和其他有關中國經濟發展的大型事業要歸國有。就外國企業而言，國家資本主義會有很大作用，因為我們要把在中國所有的外國企業及銀行收回。

拉菲斯　這個問題必須仔細考慮，非常重要，也太複雜。中國如能自己建造鐵路，這當然是件好事。每一個獨立自主的政府都努力把國家經濟生活的動脈掌握在自己的手裡。但中國政府如何落實這個構想？手裡又有什麼王牌？這要謹慎考慮。把國家經濟生活中最重要的動脈掌握在人民政府的手裡，國民黨可以公開宣佈這個原則。至於目前在何種程度上定為指標，這是一個最為困難的問題。國民黨要全力發展中國的生產力。在這裡會出現大的矛盾，還要三思而後行。㉙

四、國民黨加入共產國際

共產國際執行委員會第六次全會於一九二六年二月十七日至三月十五日在莫斯科召開。會前，二月八日，共產國際主席西諾耶夫(Zinojev, G. E.)與胡漢民進行晤談。在俄共祕檔中，有一份談話紀錄㉚：

㉙ 「拉菲斯與胡漢民的談話紀錄」，見⑳。

㉚ 「胡漢民代表團有關共產國際問題的報告」，特別資料：「與共產國際主席西諾耶夫的談話」，莫斯科，一九二六年二月八日。

西諾耶夫 首先邀請胡漢民參加即將召開的共產國際第六次全會的第一次開幕會議，與全世界的革命家晤面。接著問胡漢民，今天談話的主題是什麼。在答覆這個問題之前，西諾耶夫又問：謠傳張作霖要宣佈東北獨立。如果成為事實，蘇俄應採取何種態度？

胡漢民 「張作霖是中國革命途上的最大阻礙，必須消滅。」蘇俄不妨對張作霖直接採取行動。

西諾耶夫 針對中國革命的發展，他認為目前應該注意下面五點：

(一)在中國的各種革命運動必須聯合起來，成為一個統一的、大規模的革命群眾運動，也就是革命的統一戰線。

(二)中國的革命者要與蘇俄建立較為密切的關係。

(三)中國革命應該「西歐化」，即國民黨應該派代表到英、法及其他國家去，跟這些國家的工人進行接觸，並宣傳中國革命的實際情況。沒有全世界勞動人民的支持，中國革命是不會成功的。

(四)要特別注意農民運動。革命運動不能局限於城市，要擴大到鄉村去。

(五)中國革命者要與日本的勞動人民建立較為密切的關係，因為美國的改良分子要透過日本操縱中國的工人運動。

胡漢民 他瞭解中國革命西歐化的意義。至於第四點，國民黨的同志已經特別重視農民運動；遺憾的是，國民黨迄今只能在它控制的地區推展農民運動。另外，組織、人員也都力不從心，不儘理想。至於與蘇俄建立同盟關係，勿庸待言。對於國民黨同志來說，與日本及印度工人建立接觸也是必要的，最好的辦法是，莫斯科可以扮演一個中間人的角色。

西諾耶夫 話鋒一轉，點入主題：「我們知道，國民黨的組織還不夠堅強，沒有足夠時間從事改組。對國民黨的黨員來說，領導不同的群眾運動是很困難的。如果在領導這些不同的運動時能夠吸收一些運動的重要因素，也許會事半功倍。在一九一七年革命時，俄共只有六千至七千黨員。因為俄共掌握了運動的重要因素，黨的發展異常迅速。我認為，國民黨不應該只看到中國的情況，而要放眼世界；不僅看到目前，也要回顧過去的情況。因此，國民黨必須與全世界的革命團體聯合起來。我想，現在時機已到，提出一個重要問題跟你討論。這個問題是，國民黨是否應該與共產國際聯合起來，是否應該建立實質關係。」

胡漢民 「我完全同意你的想法。依我意見，國民黨就其本質的努力而言，國民黨應該轉變成為共產國際那樣的〔組織〕。換句話說，國民黨應該一如共產國際把注意力集中在共產主義上，並且以中國的民族革命只是世界革命的一部分為出發點。我很高興能對你的建議表示贊同。」

西諾耶夫　邀請胡漢民向六次全會提出有關中國革命情勢的報告，最好在開會之前向共產國際執行委員會提出。[31]

共產國際六次全會召開之前，共產國際執行委員會主席團於二月十日召開了一次討論中國革命情勢的會議。由維廷斯基提出報告：

維廷斯基從上海五卅運動以來的分析中得到結論說：

㈠中國的民族武裝力量是革命的動力，國民軍就是這種軍事力量；同國民黨合作可以在民族革命運動中取得領導地位。

㈡中共在國民黨內工作，事實上是中共領導國民黨，組織和擴大國民黨，並決定對武裝力量和國民軍的全部政策。在這種情形下，國民黨的影響與日俱增。國民黨已經不再是一個南方中國的地方政黨，它的影響已廣達華中及華北。至於在意識形態方面，更遠超出黨員

---

[31] 同上。

數字而影響了廣大群眾。

㈢從反帝運動中，中共與國民黨得到的教訓是：在某種情況下，無產階級要與其他社會階層、與小資產階級結合起來。但是，當革命進入低潮時，小資產階級就不是助力，而是絆腳石。從五卅運動以後的發展來看，在領導罷工和組織工會方面，中共完全居於壟斷地位。中共目前有四千五百黨員，其中百分之六十是產業工人。

㈣國民黨內的右派開始爭取多數，操縱組織。中共的策略是：孤立右派，並揭露右派中企圖製造分化的分子並逐出黨外，要防止黨的分裂。國民黨二大證明，黨的統一得到保障。國共兩黨必須瞭解，組織包括所有社會階層的革命戰線是核心問題。鞏固和擴大國民黨內的統一戰線，即國共合作，在目前來說最為重要，因為這是反帝統一戰線的基石。

談到前景，維廷斯基說，目前國民軍在北方軍事失利，工會組織遭受打擊，群眾運動進入低潮。這是一個短暫地過渡現象，不能因而確定前景暗淡無光。在目前軍事、政治發展的情況下，國共兩黨的任務是，提出建立臨時人民政府及召開國民議會的口號㉜。

在討論維廷斯基的上述報告之後，西諾耶夫總結各方發言說，中國問題將是這次共產國際全會的重點。中國的罷工運動，特別是在上海，是展望今年的重要因素。但是，俄共沒有

㉜「維廷斯基在共產國際執行委員會主席團會議的報告」，莫斯科，一九二六年二月十日。

給予足夠的注意。打開地圖看看，除了兩三個據點之外，到處一片白。中共能有今天的成果，這與蘇俄與共產國際的支援有密切關係。換言之，中國的無產階級自己還不具備爭取領導權的能力，但在蘇俄和共產國際的支持下，這個微不足道的中國無產階級還可以在奪取領導權方面一爭長短。西諾耶夫繼續說，現在知道孫中山和國民黨的人比以前多，但還不夠多。他對於莫斯科迄今連一個代表團都沒有前往中國一節，深感不解。「廣東是在中國的一個小莫斯科」，主要是由一位共產國際的同志鮑羅廷指揮。西諾耶夫問：「是否我們在國民黨內的影響過於強大？」他說，從廣東回來的同志都強調，共產黨人把持一切，國共兩黨已無區別。接著西諾耶夫提出國民黨加入共產國際的問題。他說，胡漢民在跟他談話時，首先提出要加入共產國際的問題。但是，根據共產國際的章程，只能接受某些政黨為「同情黨」，國民黨與共產國際只能維持這種關係㉝。

一九二六年一月二十五日，齊契林(Cicerin, G. V.)寫信給史大林說：「國民黨政治委員、前外交部長和廣東革命政府軍隊總司令胡漢民」目前正在莫斯科，其任務是學習俄共的黨務工作，黨與廣大群眾、特別是黨與蘇維埃的關係。外交事務人民委員會認為，「你與胡漢民晤談上述問題是絕對必要的事情。」胡漢民不久將要返回廣東，他在莫斯科所獲得的政治經

㉝ 同上。

驗及指導，對他將來的政治會有高度的影響㉞。

在俄共祕檔的記載中，提到一份史大林與胡漢民的談話紀錄，時間是二月十九日。根據胡漢民「民族國際與第三國際」一文，胡漢民曾與史大林晤談（沒有註明日期）。後者勸胡漢民，關於國民黨加入共產國際的提案保留半年。胡漢民「仔細想了又想，這個提案保留半年也未嘗不可。」㉟

根據俄共祕檔，胡漢民在二月八日與西諾耶夫談話之後，在與史大林晤面之前，於二月十三日發信給共產國際執行委員會，正式書面表示國民黨加入共產國際的意願㊱。全文譯出如下：

為了從資本主義和帝國主義的桎梏中解放中國而奮鬥的中國革命，是世界革命的一部分。國民黨在一九二四年改組以後就決定，以聯合世界無產階級和所有被壓迫的民族進行此一鬥爭為其基本政策。國民黨努力實現三十多年來中國革命所面臨的任務是，

㉞「齊契林給蘇共中央總書記史大林同志的信」，莫斯科，一九二六年一月二十五日。

㉟《胡漢民先生年譜》，前出，頁三七〇。

㊱「胡漢民給共產國際執行委員會信的內容概要」，莫斯科，一九二六年二月十三日。

完成從民族革命到社會主義革命的過渡。

目前，蘇俄是反對世界帝國主義的先鋒。帝國主義勢力懼怕中國人民與蘇俄的聯合，是對他們的致命打擊，因而使用一切手段來阻止這種聯合。但是，帝國主義國家的無產階級不會繼續忍受壓迫；資本主義與帝國主義的末日，已經來臨。為了實現完成革命任務的願望，國民黨必須把中國的革命運動與所有其他國家的革命運動結合起來。被壓迫的中國人民必須聯合其他國家具有共同利益和共同敵人——資本主義與帝國主義——的被壓迫的無產階級。共產國際的口號：「全世界無產階級與被壓迫的民族聯合起來」，是對世界帝國主義進行鬥爭時，在策略上唯一正確的口號。

把世界革命陣線上的革命運動集中起來，將會產生新的力量。如果共產國際認為，反對資本及帝國主義必須在一個共同計畫下進行，從而有系統地領導所有國家的革命運動，則革命運動所獲必多。鑒於此一認識，國民黨認為，加入共產國際的行列是必要的。

胡漢民以國民黨代表身份，並根據黨的授權，向共產國際提出將國民黨納入共產國際的行列。[37]

---

37 同上。

共產國際執行委員會主席團蘇共代表辦公室於二月十七日召開會議。出席人員是：史大林、西諾耶夫、布哈林（Bucharin, N. I., 俄共中央政治局委員、共產國際執委會委員）、曼努爾斯基（Manuilskij, D. Z., 俄共中央委員、主席團委員）及巴特尼基（Pjatnickij, I. A., 俄共中央監察委員會委員）。會議日程第五點是：胡漢民提出國民黨加入共產國際的問題。會議一致通過決議：根據共產國際章程第十七條接納國民黨為「同情黨」；這一問題交由政治局討論[38]。

同一天晚上，在共產國際執行委員會第六次擴大全會第一次會議大會開幕式上，胡漢民發表賀詞[39]。次日，二月十八日，蘇共中央政治局召開會議。「關於國民黨」的決議是：「政治局認為有必要在一次有安排私人協商的場合，說服國民黨代表：在考慮到廣東政府的國際地位，以及中國革命運動前景的情況下，不要提出加入共產國際的問題。」[40]

---

[38]「共產國際主席團蘇共（布）代表團辦公室會議紀錄第一號」，一九二六年二月十七日。

[39]「共產國際執行委員會第六次擴大全會」（速記紀錄），見：《共產國際有關中國革命的文獻資料（一九一九～一九二八）》，第一輯，中國社會科學院近代史研究所翻譯室編譯，北京，一九八一，頁一一五～一一六。

[40]「蘇共（布）中央政治局會議紀錄第十一號」，莫斯科，一九二六年二月十八日。

二月十九日，史大林接見胡漢民「說服」以後，共產國際執行委員會主席團於二月二十五日正式函告國民黨中央委員會，關於莫斯科對國民黨加入共產國際問題的決定。原函全文譯出如下：

尊敬的同志們，

根據胡漢民同志的提議，共產國際執行委員會擴大會議主席團討論了貴黨加入共產國際的問題，並做出決定，奉告貴黨同志。

在共產國際旗幟下組織起來的革命的無產階級和前進的、革命的農民全神貫注地，並以高度的同情關注中國民族解放運動的成長，這是中國人民反對世界帝國主義及其傭兵、反對中國軍閥為爭取獨立和統一國家的偉大鬥爭。

共產國際非常滿意地看到在自從上海和香港產業工人發動政治罷工以來民族解放運動的鉅大發展。廣東國民政府的鞏固、黨的影響增強，以及在北方的成果，還有，也是我們認為特別重要的是，這個代表中國整體有組織的無產階級的國民黨與中國共產黨的友好合作。運動的偉大成果使我們充滿希望並深信：自一九一一年由偉大領袖孫中山開展的中國革命，一定會在產業工人、農民、城市中廣大的革命民主人士所構成的革命的統一基礎上，並在全世界強大的、革命的無產階級的同步支持下獲得勝利。貴黨應與中國共產黨共同攜手，為了進行此一偉大和勝利的鬥爭，與城鄉勞動大眾結合起來。在廣東由黨中央領導的貴黨和最近的黨代表大會事實上已經證實此一政策，並拒絕了右派分子之頑固的要求。在達到革命民主勢力的勝利之前，你們也保證了民族解放運動根本的和有成就的發展。

基於上述事實，共產國際執行委員會非常滿意地得知貴黨決議，並討論了加入共產國際的問題。我們認為這足以證明，投入貴黨的前進分子表明，革命的中國鬥士在與無產階級世界革命的政黨——共產國際——聯合起來共同反對世界帝國主義在今天和未來的意義。共產國際珍視國民黨是它在反對全世界的帝國主義鬥爭中的直接盟友。從這個觀點來看，國民黨在形式上加盟為共產國際的同情友黨，應無異議。

如果共產國際認為，目前國民黨正式加入共產國際時機不利，是考慮到中國的國際環境，特別是廣東。國民黨是中國民族解放運動的領導政黨，日趨明顯；廣東政府由國民黨領導，也有目共睹。在最近的將來，國際帝國主義對中國的民族解放運動會更加強壓力。國民黨正式加入共產國際——這個被整個帝國主義世界最為痛恨的敵人，只有幫助帝國主義動員反革命勢力，來對廣東，對中國整個民族解放運動進行鬥爭；這會有助於帝國主義成立一個反對中國的統一戰線。同時給中國人民謀求獨立的鬥爭造成困難。在中國的反革命團體和朋黨將會利用國民黨正式加入共產國際一事，用民族主義的煽動活動來打擊革命的統一戰線。國民黨將被人視為一個失去民族性格的政黨。中國的民族革命運動，目前處境艱難，必須避免這種麻煩。因此，我們請你們仔細考慮以上所表達的意見。如果貴黨中央堅持胡漢民同志在此地提出的原議，共產國際執行委員會主席團願意把這個問題納入共產國際第六次世界代表大會的議事日程。在這種情形下，我們請派遣一個參加這次大會的代表團，以便共同澈底討論此一重要問題。

最後，共產國際執行委員會主席團對國民黨中央提出保證，在國民黨領導下不斷發展的革命運動將會獲得共產國際及其一切所屬的革命組織最堅決的支持。

致以衷心的、共產主義的問候。

共產國際執行委員會主席團

一九二六年二月二十五日[41]

一九二六年四月二十九日，胡漢民返抵廣州，並於五月三日出席第一三八次中央政治會

---

[41]「共產國際執行委員會主席團給國民黨中央委員會的信」，莫斯科，一九二六年二月二十五日。

議，報告考察蘇俄經過。《胡漢民先生年譜》說：「據胡木蘭云：展堂先生曾有赴俄考察書面報告呈廣州中央。惟迄未發現。」42

在俄共祕檔中，有一份胡漢民「呈中央政治委員會」的書面報告43。報告的大意是：胡漢民曾於一九二六年二月八日與共產國際執行委員會主席西諾耶夫晤談有關國民黨與共產國際建立密切關係的問題，後者並面邀胡漢民出席共產國際六次全會並提出報告。根據國民黨的決議，胡漢民向共產國際提出兩份書面聲明：一份是講述國民黨的歷史及目前的革命鬥爭，另一份說明國民黨加入共產國際的提議。二月十四日，胡漢民與共產國際東方部中國小組主任維廷斯基長談。二月十七日，出席共產國際執行委員會第六次擴大會議開幕式，並發表演說。關於此次全會情況已在二月十八日電報中有所報告。二月十九日與蘇共中央委員史大林晤談有關問題。三月八日，共產國際正式答覆代表團說，國民黨加入共產國際的時機尚未成熟。如國民黨中央堅持原議，共產國際同意納入六大議程討論。因為此一問題極為重要，又與黨的工作有關，胡漢民乃決定於三月十三日離俄返國。至於國民黨加入共產國際的原因，

42 《胡漢民先生年譜》，前出，頁三七六，註一四。

43 「胡漢民代表團關於第三國際問題的報告」（特別資料）。原件沒有日期，但有「F. P. Liu, 二六、七、二〇」字樣。可能是中共自廣州寄給莫斯科的參考資料。

可以從代表團的兩份聲明及共產國際的答覆，以及與諸多蘇共同志的談話中看出。因此附上談話紀錄及各種資料，以供參考㊹。

胡漢民「呈中央政治委員會」的附件是：

一、與共產國際執行委員會主席西諾耶夫的談話
二、交給共產國際全會的聲明
三、交給共產國際執行委員會的聲明
四、與共產國際東方部中國小組主任維廷斯基的談話
五、在共產國際執行委員會擴大會議上的演講辭
六、十八日電報
七、與蘇共中央委員史大林的談話
八、共產國際對我們聲明的答覆㊺

㊹ 同上。
㊺ 同上。

有一點值得特別指出的是，胡漢民在上述「呈中央政治委員會」的報告及其附件中，沒有提及他與拉菲斯的三次長談或附上談話紀錄。朱和中在他的「回想」中，非常簡短地提及胡漢民與拉菲斯的第一次和第三次談話。第二次談話，胡漢民採取主動，雙方針鋒相對，是一次重要的對談，朱和中也曾出席，但他在「回想」中打馬過橋，隻字不提。

五、關於胡漢民訪俄的幾點看法

從胡漢民與拉菲斯的三次長談以及與西諾耶夫的談話和有關文件中，可以看出，對胡漢民來說，有兩個主題：修改國民黨黨綱和加入共產國際問題。兩者又有內在的關聯。

廖案發生後，胡漢民訪俄是「鮑羅廷之安排」；先斬後奏，沒有事先取得莫斯科的同意。廣州「下放」胡漢民訪俄，事出突然，莫斯科沒有準備。胡漢民抵達莫斯科後（一九二五年十月二十八日），到處遊覽參觀，直到胡漢民書面表示不滿，以及透過袁慶雲提出「工作計畫」（十二月十一日）之後，共產國際才指派宣傳部對中國革命有深刻認識的高幹拉菲斯與胡漢民進行晤談。

上面提及，胡漢民當時曾致函廣州中央向汪精衛報告，簡單提及：「連日與第三國際宣傳部拉菲斯等討論黨綱，……弟因覺得第一次大會宣言及黨綱，更無全部改作之必要，祇得對於一二點更加具體的規定及顯豁的說明而已足。」[46]

胡漢民在與拉菲斯的第一次和第二次談話中，採取主動，並以國民黨左派姿態出現；其言論之左，竟使共產國際的拉菲斯為之愕然。如果這三次談話紀錄當時在廣州傳開，難免會遭到國民黨某些人士的全面圍剿。這是胡漢民在上述「呈中央政治委員會」的報告中不再提及這三次談話的原因。但是，在評論這三次談話時，不能望文生義，遽下斷語，從而誤解胡漢民的主要動機及其談判策略。

在評述胡漢民與拉菲斯的談話之前，首先要澄清當時共產國際對國民黨和中國革命的基本立場。根據共產國際執行委員會第六次擴大全會「關於中國問題的決議」，國民黨是「工人、農民、知識分子和城市民主派的革命聯盟」。這個革命聯盟又以國共兩黨的合作為其領導核心。中國革命的任務是：「反對外國帝國主義者和整個封建軍閥制度、爭取國家獨立和建立民主革命統一政權的鬥爭。」[47]

---

[46] 《胡漢民先生年譜》，前出，見[19]，頁三六一～三六二。

[47] 「共產國際執行委員會第六次擴大全會的提綱和決議：十二、關於中國問題的決議」，見：《共產國際有關中國革命的文獻資料》，前出，見[39]，頁一三六。

胡漢民在與拉菲斯的第一次談話中首先指出，在國民黨內對中國革命沒有統一的看法。因此，澄清中國革命的理論前提，至為重要。依胡之見，「社會主義」（胡漢民沒有使用民生主義這個名詞。孫中山也說，他的社會主義與共產主義並無區別。）是三民主義中最重要的，居於首位。

胡漢民認為，國民黨的「右派」是叛徒，不久會公開地變成反革命。因此，在修改黨綱後要著手清黨。黨也要改組，因為「小資產階級」不懂國民黨需要一個以世界革命為基礎的理論，不能與之結盟。至於「資產階級」，是反革命勢力，更不必談了。胡漢民在談話中從始至終沒有提到國共兩黨關係，好像中國共產黨根本就不存在。

經過第一次談話和看過胡漢民的「工作計畫」之後，拉菲斯摸清對方底牌，知道「來者不善」。因此，在第二次談話時，雙方針鋒相對，各不相讓。拉菲斯首先問胡漢民對於國共兩黨劃清界線的看法。換句話說，國共兩黨都以爭取廣大群眾為其社會基礎，在這一方面兩黨有無區別？在劃清界線方面，拉菲斯也要知道國民黨是否跟當時的中共一樣主張國共分家？胡漢民只強調國共兩黨合作的必要，在廣東與上海兩黨分工合作，未加申論。拉菲斯單刀直入，進而直向核心問題：如果兩黨並無區別，從而並存，從民族解放運動的立場來看，是一種有害的浪費。兩者之間只能有一個政黨存在，不是中共，就是國民黨。這是根本問題，必須澄清。拉菲斯指出，根據胡漢民的說法，中共是多餘的，沒有存在的必要。相反地，拉菲斯認為國民黨是一個過渡時期的政黨，並以俄國革命時期的特魯道維奇為例，暗示當革命進展到某一階段時，國民黨會與特魯道維奇一樣失去作用，從政治舞臺消失。中共則是一個階級政黨，其歷史任務是，在民族解放運動勝利之後，推展社會主義革命，建立無產階級專政。在推展民族解放運動的過程中，由於國共兩黨任務接近，應該合作，但是，中共的歷史任務則遠遠超出國民黨統一中國和建立民主政權的最終目的。

胡漢民反駁說，國民黨不是小資產階級的特魯道維奇，也不是以實現國家統一為主要任務的過渡時期的政黨。國民黨的最終目的是實現社會主義。

拉菲斯的談話證實，莫斯科的策略是，在進行反帝的民族革命運動過程中，利用這個「小資產階級」的國民黨來完成「民主資產階級革命」的任務。此後國民黨壽終正寢，由中共取代擔任「節目主持人」。胡漢民「洞燭其奸」，在莫斯科以左派姿態出現，發表極左言論，無非有意說明，在民族革命運動期間，國共兩黨的基本任務接近，應該合作，但強調國民黨居於領導地位；實現社會主義是國民黨的最終目的，因此，民族主義及民權主義居於次要地位。

胡漢民接著指出，當時的國共關係並不令人滿意，因為在國民黨內的中共黨員對國民黨中央一切保密。居於領導地位的國民黨瞭解中共的政策是必要的。中共不必解散，但是國民黨要加入共產國際，與莫斯科取得組織上的直接關係。國民黨加入共產國際，這是釜底抽薪的絕招，中共不解散也是多餘的。蘇共拒絕此一提議，這不僅根據共產國際章程是不可能的，從莫斯科對中國革命的策略來看也是不能同意的。

朱和中在他的「回想」中說，西諾耶夫希望國民黨加入共產國際㊽。此說值得商榷。根據胡漢民與西諾耶夫的談話紀錄，後者只提出國民黨與共產國際是否應該建立實質關係的問題。這不能擴大解釋為「加入」。身為共產國際主席，應該知道，根據共產國際章程，非無產階級的政黨是不能納入共產國際的組織的。因此西諾耶夫在討論維廷斯基報告做結論時（二月十日），且在共產國際執行委員會主席團蘇共代表辦公室會議（二月十七日）之前，就已經表示共產國際只能接受國民黨為「同情黨」。根據胡漢民自己的記述，胡漢民曾當面對史大林說：「如果要聯合，那我們祇有直接參加第三國際。」㊾

胡漢民提出國民黨加入共產國際的提議，說是根據「黨的授權」。是否如此，無從查起，但也不是他在莫斯科的即興之作。此一提議也有其政治背景。國民黨一大之後，糾紛不斷，衝突升級。中共不會解散，國民黨也不能開除黨內的中共

㊽ 朱和中，前出，見⑬，頁一五九～一六〇。

㊾ 胡漢民：「民族國際與第三國際」，引自：《胡漢民先生年譜》，前出，頁三六九。

黨員。必須另外尋求解決之道。一九二四年八月十九日，在國民黨一屆二中全會第一次會議上，「右派」要求「好好的分家」，沒有共識。因此，黨內有一些人（俄共祕檔稱之為「中派」）認為，國民黨要有一個組織去瞭解共產國際及中共對國民黨的策略，以及獲得來自莫斯科的指示。因此，會議建議設立「國際聯絡委員會」[50]。後來事實證明，這個國際聯絡委員會並沒有與共產國際取得任何聯繫，沒有達到原來提案的目的。

胡漢民在他與拉菲斯的第二次談話中提到，他曾對鮑羅廷表示，國民黨內的中共黨員對國民黨中央採取保密的策略。國民黨瞭解中共的策略是必要的。鮑羅廷同意胡漢民的意見，但也不了了之。胡漢民這次利用訪問蘇俄的機會，與共產國際直接接觸，乃有國民黨加入共產國際的提議。

當時有人指責國民黨加入共產國際的提議不當，認為胡漢民「有罪」。胡漢民解釋說：「我所以主張加入第三國際，就是本著當時的組織民族國際的原意，使中國國民黨獨立自主，不受共產黨的操縱愚弄，同時可以拆穿共產黨第三國際的西洋鏡。」[51]

---

[50]《俄共中國革命祕檔（一九二〇～一九二五）》，郭恒鈺著，臺北，一九九六，頁一一三～一一四；頁一二二～一二三。

[51] 同[49]。

加入共產國際，無法實現。但是，胡漢民鍥而不捨，「為謀對付共產黨分化與破壞國民黨之策略，乃提出『黨外無黨，黨內無派』八字之主張。」曲高和寡，「未為同志所接受。」[52]「國民黨內之共產派問題」像一個不治之瘤，不斷惡化。只有等待動刀的強人出現。

[52]《胡漢民先生年譜》，前出，頁三七七。

第二章　張作霖與馮玉祥

一九二五年底，莫斯科認為「國民軍和張作霖之間的軍事行動實際上已經開始，換句話說，也就是中國的事態進入了主要階段——民族革命力量同以張作霖為代表的反動勢力展開鬥爭的階段。」❶對莫斯科來說，「張作霖因接近日本已成為日本在華利益的代表。」❷一九二六年初，「張作霖為了奪回直隸和山東兩省，必須把他的全部兵力集中到南方。為此目的，他認為必須佔領中東鐵路，向蘇聯顯示自己的鐵腕。而在這方面他是能夠指靠日本人的。日本派駐奉天的正式代表給予張作霖以全面支持。」❸

---

❶ 謝苗諾夫：「中國的關鍵時刻」（一九二五年十一月十二日），見：《1919~1927蘇聯「真理報」有關中國革命的文獻資料選編》，第一輯，成都，一九八五，頁一四九。

❷ 拉狄克：「對中國最近事態的評價」（一九二六年一月三十日），同上，頁一六三。

❸ 同上，頁一六五。

一、中東鐵路

一九二五年十一月十日，中東鐵路局長伊萬諾夫發佈通告，稱自本年十二月一日起，中國軍隊須先付費，始能經由中東鐵路運送。中國理事長及理事對此表示抗議，惟無結果❹。一九二六年一月二十二日，中東路護路司令張煥相將伊萬諾夫拘捕。經蘇俄駐華全權代表加拉罕（Karachan, L. M., 本名：Karachanjan, 化名：Michajlov）和齊契林多次抗議之後，中東鐵路事件由張作霖與奉天領事商定通車及軍隊乘車辦法，獲得解決。一月二十五日，中方釋放伊萬諾夫。

同一天，一月二十五日，蘇共中央政治局認為，伊萬諾夫被釋後，「最後通牒」的情況已不復存在，但由革命軍事委員採取在東北邊界集結兵力的措施，仍然有效❺。但是三天以後，政治局根據最新情報，蘇俄在軍事和外交方面的活動，已經達到預期目的，今後可以外

❹《中華民國史事紀要（初稿）——中華民國十四年（一九二五）七至十二月份》，臺北，一九七五，頁六四六。

❺「蘇共（布）中央政治局會議紀錄第七號」，莫斯科，一九二六年一月二十五日。

交手段為主，因此決議撤回在東北邊界的兵力❻；並由齊契林根據在政治局會議中的意見交換，發表一篇有關中東鐵路的訪問談話❼。

二月十一日，政治局通過史大林的建議，對「中國視察團」團長伊萬諾夫斯基（即布勃諾夫，參見第四章引言）發出電報指示：㈠採取相應措施提高在中東鐵路的蘇俄幹部在對中東鐵路的中國工人及職員進行政治及工會工作方面的政治水準，並逐斥其中之「沙巴洛夫的同路人及自衛兵」。㈡在最短期間內，肅清某些由於沙文主義及持有違反蘇俄政策的分子。㈢蘇俄的地方工會組織不得對中國地方政府機構發出任何最後通牒。有關中東鐵路衝突的解決，由蘇俄政府及其在滿洲之代表負責。㈣提醒在中東鐵路工作的蘇俄工人及職員，中國人民是滿洲的主人，中東鐵路不是通過蘇俄的領土而是中國的領土行駛。蘇俄的工人及職員應該落實與中國人民，特別與中國農民的友好政策。只有這樣的政策，才是對抗一切帝國主義者以及對中國人民可能譴責蘇俄政府的有效手段。㈤違反此一指示的蘇俄在中東鐵路工作的工人及職員，將予免職。㈥蘇共中央不同意伊萬諾夫辭職❽。

---

❻ 「蘇共（布）中央政治局會議紀錄第八號」，莫斯科，一九二六年一月二十八日。

❼ 「蘇共（布）中央政治局會議紀錄第九號」，莫斯科，一九二六年二月四日。

❽ 「蘇共（布）中央政治局會議紀錄第十號」，莫斯科，一九二六年二月十一日。

但在一個多月後，三月十八日，政治局任命艾木沙諾夫(Emsanov)接替伊萬諾夫，同時決議：用解僱方式清除中東鐵路內所有由於大國霸權行為及沙文主義而有損自己形象的蘇俄負責幹部，以及派遣塞布亞可夫（Serebrjakov, V. I., 韓國人：Kim）前往中東鐵路局，與奉天進行交涉，負責落實此次政治局會議通過的一切措施❾。

伊萬諾夫採取中國軍隊先繳費後運兵的措施，旨在阻撓奉軍之運輸，符合當時莫斯科對張作霖的政策。但是，此一舉動，不僅引起俄奉衝突、中俄糾紛，更重要的是，日本公然出兵阻止郭松齡軍進擊（十二月十五日）。蘇俄雖然在邊界有駐兵動武的準備，最後基於客觀形勢還是不得不和平解決。日本是一個重要因素。

蘇共中央政治局撤換伊萬諾夫，不僅僅是因為他採取先繳費後運兵的措施，引起不良後果，以及曾被中國當局拘捕丟盡俄國人的面子，主要還是與中東鐵路局蘇俄的領導作風有關。從政治局於二月十一日及三月十八日的決議中可以看出，中東鐵路局上自領導幹部，下至職員、工人和地方工會組織的這些俄國人的「大國霸權行為及沙文主義」的惡劣作風，一副囂張跋扈的醜惡面目。至於在廣東的蘇俄顧問也是半斤八兩，無大差別。這是蘇共在檢討中山艦事件時，特別突出的一點，下章申述。

❾ 「蘇共（布）中央政治局會議紀錄第十六號」，莫斯科，一九二六年三月十八日。

中東鐵路事件暫告解決，但又引發了「加拉罕事件」。四月一日，蘇共中央政治局決議，授權塞布亞可夫轉告張作霖：俄方認為張作霖要求撤換加拉罕，是受了帝國主義的唆使，阻礙了在蘇俄與張作霖之間正在醞釀中的合作。另外，還要轉告張作霖：蘇俄政府為了實現更好的合作，同意撤換伊萬諾夫⑩。

針對日本，政治局會議附件「關於我們的對中、日政策」指出，對於中國革命來說，日本由於地理位置及其在滿洲的經濟及軍事利益，已經成為一個極端危險的因素。在目前階段，革命運動對日本的關係也就顯得格外重要。因此必須爭取一個喘息機會。在最近的將來，還要容忍日本控制南滿的事實。在與張作霖談判時必須指出：日本的某些黨派要找一個傀儡將軍取代張作霖；在能建立正常關係的情形下，蘇俄沒有理由同意倒張的活動⑪。換句話說，蘇共對這個死對頭張作霖的態度，是適可而止，避免挑釁。但是張作霖「執迷不悟」，先是不承認加拉罕為蘇俄駐華代表（一月二十八日），接著要求蘇俄政府撤回加拉罕（四月十三日）。

針對此一情勢，蘇共中央政治局於四月二十二日通過史大林的建議：「㈠對日本政府施

---

⑩「蘇共（布）中央政治局會議紀錄第十八號」，莫斯科，一九二六年四月一日。

⑪同上。

加壓力，針對張作霖的直接威脅要求給予安全保障。㈡塞布亞可夫同志立即前往奉天，並負責向張作霖提出要求並聲明，張作霖應對其侵犯我們的外交代表負個人責任。㈢波多斯基(Podolskij)同志應立即退回張作霖的照會。㈣加拉罕同志自己決定，根據情況處理。但要他知道，蘇共中央不允許加拉罕在目前往國民軍駐地的張家口。㈤指示加拉罕，維持與張家口並通過張家口與蘇俄保持定期向莫斯科提出有關北京局勢報告的聯繫。」⓬

五月十三日，政治局又通過給塞布亞可夫與張作霖交涉的指示要點：㈠蘇俄政府有意發表一篇聲明，現在及將來都無意干涉內政。㈡同意張作霖的建議：雙方互換外交代表。㈢由中東鐵路的純收益中預計給中國的五百萬盧布，供張作霖使用。先決條件是，中國政府對此不表異議。至於張作霖要求從中東鐵路的純收益中，再支付五百萬盧布供其使用一節，蘇方礙難同意。㈣在協議中，不能納入購買武器問題。但可以口頭說明，張作霖可以與蘇俄有關經濟機構交涉購買武器問題。㈤在交涉時，蘇俄方面應該提出的問題是：1.對蘇俄公民要解除特別管理。2.使在中東鐵路境內的工會及文化機構有效的合法化。此外，政治局授權外交事務人民委員會，同時著手與日本交涉締結互不侵犯協定，並充分利用蘇俄在奉天與張作霖的談判及對後者的讓步⓭。

⓬「蘇共（布）中央政治局會議紀錄第二十一號」，莫斯科，一九二六年四月二十二日。

五月二十日，政治局再次肯定，蘇共中央對張作霖的政策不變⑭。至於張作霖要求借款問題，應納入奉俄交涉，併案處理⑮。張作霖是否自莫斯科取得借款，沒有下文。

五月二十一日奉俄正式會議。俄方提出關於中東鐵路之具體方案，奉方拒絕。六月七日又因雙方意見衝突停會。七月二日，奉俄會議重開，張作霖風聞蘇俄援助國民軍，加拉罕又與馮玉祥暗中勾結，因此要求交出察哈爾地區（蘇方認為這無異是要消滅國民軍⑯），同時堅持加拉罕離華回國。十四日，張作霖提出加拉罕先行返俄的條件，談判不協，又告停頓。

日本人拔刀相助，郭松齡倒戈兵敗，張作霖屹立不倒，仍是呼風喚雨，左右政局的強人。此外，在採取對張作霖的步驟時，又不能不考慮日俄兩國在滿洲的特殊權益，以及衝突的可能性。因此，莫斯科對張作霖多方遷就，求同存異，以期能夠維持一個「安定」局面。但是，張作霖固執己見，七月，促使北京政府杜錫珪向蘇俄外交部提出撤回加拉罕之要求。八月十

⑬「蘇共（布）中央政治局會議紀錄第二十五號」，莫斯科，一九二六年五月十三日。

⑭「蘇共（布）中央政治局會議紀錄第二十七號」，莫斯科，一九二六年五月二十日。

⑮「蘇共（布）中央政治局會議紀錄第四十五號」，莫斯科，一九二六年八月五日。

⑯「共產國際執行委員會東方部副主任索洛維夫給共產國際執行委員會東方部關於中國情勢的報告」，莫斯科，一九二六年七月七日。極密。

二日，北京政府再催速撤加拉罕，否則斷絕來往。至十月十四日，蘇共中央政治局終於決定召回加拉罕⑰。

二、馮玉祥訪問蘇俄

奉軍將領郭松齡倒戈兵敗後，與之暗中聯合倒奉的馮玉祥⑱，頓感孤立，乃於一九二六年一月一日宣佈下野，決心赴俄求援。

對於國民軍，張作霖是勢不兩立。一九二六年一月初，吳佩孚召開軍事會議，決定對國民軍發動攻勢。奉直聯合對抗國民軍的局勢已經形成。二月中旬，張宗昌、李景林通電討馮，三月又共組「直魯聯軍」，北聯奉張，南聯直吳。晉軍閻錫山也有採取截斷國民軍後路的態勢。國民軍四面受敵，為了保全實力，不得不撤出天津，但京畿仍在國民軍控制之下。

---

⑰ 「蘇共（布）中央政治局會議紀錄第六十一號」，莫斯科，一九二六年十月十四日。

⑱ 「一九二六年三月二十六日蘇聯在國民一軍顧問林氏關於參加國民第一軍工作及計畫詳細報告」中提及：「約當郭松齡倒戈前十日，馮將軍預先告余，彼將開戰，並告知彼與郭松齡所締結之協約。」見：《蘇聯陰謀文證彙編》，北京，一九二八，「國民軍事項類」，頁二十五。

自一九二五年下半年起，莫斯科的策略是，在北方援助馮玉祥與國民軍，對付奉張直吳的聯合陣線。

一九二六年三月四日，蘇共中央政治局認為，以貸款方式提供馮玉祥一千萬發子彈是必要的，但運輸必須保密，並由加拉罕及布勃諾夫負責[19]。四月底又決定，關於援助馮玉祥的細節，延至馮到莫斯科後再議[20]。

五月九日，馮玉祥抵達莫斯科。當時正是莫斯科與張作霖為中東鐵路及加拉罕事件進行交涉之際。

五月二十日，蘇共中央政治局決議：蘇共中央在目前對張作霖的政策不變，建議：㈠馮玉祥要與張作霖建立短暫的聯繫，這種短暫的接觸是用來進行改編國民軍的喘息機會。㈡馮玉祥要回到軍中去。㈢通知馮玉祥，俄方對馮只能提供最低限度的援助（至於最低限度的範圍，由政治局再議決定）。㈣與馮玉祥的晤談，不得在報紙上發表。㈤莫斯科與馮玉祥的接近，應在與張作霖談判時加以利用，以期加速奉俄交涉[21]。

---

[19]「蘇共（布）中央政治局會議紀錄第十三號」，莫斯科，一九二六年三月四日。

[20]「蘇共（布）中央政治局會議紀錄第二十二號」，莫斯科，一九二六年四月二十九日。

[21]「蘇共（布）中央政治局會議紀錄第二十七號」，莫斯科，一九二六年五月二十日。

一星期後，五月二十七日，政治局決議：㈠要對馮玉祥特別說清楚俄方援助的真正原因。㈡授權翁士利（Unschlicht, I. S.，一九二五～一九二六年任蘇共中央政治局中國委員會主席）與馮玉祥晤談，藉以澄清馮玉祥對於不久返回軍中的真實看法。㈢至於馮玉祥發表宣言一點，緩辦。授權翁士利及齊契林（Cicerin, G. V.，外交事務人民委員會主席、中國委員會委員）與馮玉祥晤談，藉以澄清馮玉祥對於不久返回軍中的真實看法。㈢至於馮玉祥發表宣言一點，緩辦。授權翁士利及齊契林與馮晤談，如何用另一方式實現馮玉祥在中國的任務。㈣馮在莫斯科停留期間，由翁士利負責充分照顧㉒。

對於軍援馮玉祥，六月七日，政治局又做出具體決定：㈠同意在符合基本計畫的情況下，把尚未交出的武器、彈藥以及部分備用物資提供馮玉祥使用。總值為四百餘萬盧布(4,343,617.50 Rubel)。㈡在交給馮玉祥上述物資時，由翁士利負責。在為加強戰鬥力而進行軍隊改編、裁減軍中人員，以及建立一批堅強且有訓練的幹部核心人員以為軍隊下一步發展的保證等方面，採取一切必要措施㉓。

七月五日，奉魯軍對南口發動總攻擊。七月七日，共產國際執行委員會東方部副主任索洛維夫(Solovev, V. I.)在給東方部的報告中說：國民軍第一軍的狀況令人滿意，撤出北京時，

㉒「蘇共（布）中央政治局會議紀錄第二十八號」，莫斯科，一九二六年五月二十七日。

㉓「蘇共（布）中央政治局會議紀錄第三十二號」，莫斯科，一九二六年六月七日。

井然有序，且未遭遇任何損失。加拉罕反對國民軍進攻陝西，因為它會導致反動勢力更加團結，但阻止無效。索洛維夫繼續指出，奉張直吳反動勢力反對中國南方的革命運動，不會收到預期的效果。中國目前正處於一個轉變時期，在未來的幾個月，民族革命運動一定會進入高潮。除了廣東的國民革命軍以外，國民軍是「唯一真正的和有紀律的軍事力量」。但是，由於受了中國現實的傳統條件的局限，且在奉張直吳尚未分手的情形下，國民軍還無法在中國進行嚴肅的鬥爭，這又與馮玉祥的靜觀待變的態度有關。馮玉祥無視俄方對他的說服與壓力，拿定主意，無意在最近返回中國。如果俄方繼續對馮施加壓力，馮玉祥會轉往柏林，靜觀中國局勢的變化，這對蘇俄不利㉔。

八月五日，政治局會議認為再次對馮玉祥施加壓力，促其儘快返回張家口是不適當的㉕。一週後，八月十三日，國民軍為了保全實力，撤出南口，向綏遠退卻。次日，奉直魯軍「攻佔」南口。中國北方的軍事情勢又進入一個新的局面。

馮玉祥於八月十八日離開莫斯科。啟程前，八月十五日，一共簽了兩個債務契約：㈠「根

㉔「共產國際執行委員會東方部副主任索洛維夫給共產國際執行委員會東方部關於中國情勢的報告」，莫斯科，一九二六年七月七日。極密。

㉕「蘇共（布）中央政治局會議紀錄第四十五號」，莫斯科，一九二六年八月五日。

據前訂債務契約收到附單所列之各項物品共值俄金四百五十萬零一千九百九十九盧布」，㈡「……共值俄金六百三十萬五千六百四十二盧布」㉖。

一九二六年馮玉祥訪俄，時機不對；馮是敗軍之將，國民軍四面受敵。從俄共祕檔中可以看出俄方的立場是：㈠俄奉談判，俄方對張作霖基於多種原因採取讓步政策，因而要求馮張暫時聯合。這與馮玉祥的倒張立場有違。但是有求於人，不能當家做主。馮玉祥離俄次日，八月十九日，「真理報」發表了馮玉祥對同奉系進行接觸的談話：「我仍然認為，在一定條件下這種談判是可以容許的，也可能是中國實際情況所要求的。」㉗㈡國民軍群龍無首，內部意見不同。莫斯科要馮玉祥儘快返回張家口，馮玉祥要靜觀待變。㈢在北方，國民軍不成氣候，已經不能獨當一面，莫斯科要馮玉祥改用另一方式來完成其在中國的任務。換句話說，馮玉祥要與國民黨和廣東政府密切合作。在上述「真理報」的談話中，馮玉祥表示，「國民軍和廣州政府的國民革命軍聯合在一起，是一支可觀的軍事力量。聯合起來的革命軍隊取得勝利的希望絕不能排除。」㉘

㉖《蘇聯陰謀文證彙編》，前出，「國民軍事項類」，頁四十三。

㉗「馮玉祥大帥關於中國局勢的談話」（一九二六年八月十九日），見：《1917～1927蘇聯「真理報」有關中國革命的文獻資料選編》，前出，見❶，頁二一四。

八月十八日，馮玉祥離俄，取道庫倫返國。當他還在莫斯科時，由徐謙介紹正式加入國民黨。八月二十三日，國民政府任命馮玉祥為軍事委員會委員，國民黨中央又任馮為國民軍黨代表兼國民政府委員。

馮玉祥訪問蘇俄，取得俄援，但與當年的孫中山一樣，不得不接受俄共條件。對與奉系談判，馮玉祥不再表示反對，國民黨也畀以軍政黨的重要職務。蘇共中央政治局從反帝、反軍閥聯合陣線的宏觀角度出發，決定了對張作霖和馮玉祥的策略，也間接地影響了廣東。在某種程度上，莫斯科操縱了中國軍事、政治的發展。

㉘ 同上，頁二一三。

第三章　中山艦事件

中山艦事件的發生，對於莫斯科的俄共、共產國際的駐華代表，以及廣東的軍事顧問，有如「青天霹靂」❶，驚愕之餘，他們認真地檢討了中山艦事件發生的原因，並提出對策。在一九二六年俄共中國革命祕檔中，有關中山艦事件的文件，為數頗多。但在分析、評介這些文件之前，澄清中山艦事件發生的經過是必要的。因為蘇俄共產黨人從一個完全不同的角度來看此一事件，這也影響了他們的結論與對策。

一、「反共行動」、「倒蔣陰謀」

對於中山艦事件，國共雙方，以論帶史，各執一詞。

❶「斯切潘諾夫出席廣東蘇聯委員團共產黨分部集會對於蔣介石與俄共產黨間之裂痕及利用蔣介石計畫之報告」，見：《蘇聯陰謀文證彙編》，北京，一九二八，「廣東事項類」，頁三十四。

中共黨史，直到今天依然堅持蔣介石「製造」事件的說法：蔣介石蓄意「製造了旨在打擊中國共產黨和國民黨左派的中山艦事件。」❷「蔣介石在廣州製造『中山艦事件』，謊稱共產黨人指揮的中山艦要砲轟黃埔，共產黨要暴動，藉以宣佈戒嚴，派兵逮捕和監視共產黨人，包圍省港罷工委員會和蘇聯顧問辦事處。」❸「無中生有地說共產黨人私調『中山』號軍艦要劫持他離開廣東，並以此為藉口」，「突然採取嚴重的反共行動。」❹

對於上述說法，著者都沒有提出有力的證據，是一面之詞。但是卻點出了這一事件的兩個關鍵問題：㈠中山艦的調動。㈡劫持蔣介石離開廣東。

臺灣方面的有關著作都強調，代理海軍局長李之龍「矯令蔣校長坐艦中山艦，由廣州駛回黃埔，裝足煤片，準備遠航，十九日晚開回廣州，升火不熄。企圖乘蔣校長從廣州省城乘艦回黃埔軍校途中，強迫蔣氏離粵，直駛海參崴，送往俄國。」❺這是「汪（兆銘）共勾結

---

❷《「中國共產黨歷史（上卷）」若干問題說明》，中共中央黨史研究室一室編著，北京，一九九一，頁六十八；參見頁四十七。

❸《中共黨史大事年表》，中共中央黨史研究室，北京，一九八七，頁四十三。

❹《中國共產黨的七十年》，中共中央黨史研究室著，胡繩主編，北京，一九九一，頁五十二。

❺《從容共到清黨》（下），李雲漢著，臺北，一九六六，頁四八九。

倒蔣的澈底暴露。」[6]「這是俄共策動武力倒蔣陰謀的最陰險的一幕。」[7]

上述說法點出了此一事件的三個關鍵問題：㈠李之龍「矯令」中山艦駛回黃埔。㈡劫持蔣介石送往俄國。㈢汪精衛與共產黨人聯合陰謀倒蔣。第三點是中山艦事件的癥結，可以視為事件的遠因；這一點又與第一、二兩點有內在的密切關聯，應予申論。

「矯令」的說法，初見於蔣介石的日記：三月十八日，「共產黨作亂。傍晚，海軍代理局長李之龍，矯令中山艦駛泊黃埔。」[8]「事實上，中山艦之駛往黃埔與開回廣州，都是奉了蘇俄顧問團的命令。」[9]因為「蘇俄顧問及中共分子蓄意排蔣。」[10]

---

❻《中華民國史事紀要（初稿）──中華民國十五年（一九二六）一至十二月份》，臺北，一九七八，頁二四三。

❼見❺。

❽㈠《蔣介石年譜初稿》，中國第二歷史檔案館編，北京，一九九二，頁五四七。
㈡《民國十五年以前之蔣介石先生》，卷三，編纂毛思誠，重校秦孝儀，臺北，一九七一，頁八六八。

❾《從容共到清黨》（下），前出，頁四九一。

❿《中國國民黨史述》，第二編，李雲漢著，臺北，一九九四，頁七一八。

在俄共中國革命祕檔中，有一份海軍局蘇俄顧問格萊關於中山艦調動經過的報告：「整個海軍局都知道，中山艦沒有任何暴動或遠航的準備。相反地，中山艦在三月十九日夜待命接受機械檢查，並在檢修之後升火不熄，停泊港口，定於二十日再在（檢修）簽約當事者和艦隊補給處代表出面的情況下驗收。」「李之龍沒有參與驗收的決定。他只是在三月十九日接到一個反間電話之後，才命令中山艦駛回黃埔。」⓫（參閱頁九〇～九二）

大陸學者楊天石，根據南京第二歷史檔案館所藏有關中山艦事件的原件⓬，得到的結論

⓫ 海軍局蘇俄顧問格萊(Leopold Greij)「給廣東顧問團首席顧問斯切潘諾夫同志的報告」，廣州，一九二六年四月二十日。

⓬ 楊天石：「『中山艦事件』之謎」，見：《歷史研究》，一九八八年第二期，頁一一六～一三〇。關於中山艦的調動經過，楊天石引用的原件是：㈠「交通股員黎時雍報告」（一九二六年三月二十四日），㈡「交通股王學臣報告」（一九二六年三月二十六日），㈢「歐陽鐘報告」（一九二六年三月二十三日），㈣「李之龍夫人報告」（一九二六年三月三十一日），㈤「季方報告」（一九二六年三月二十五日），㈥「辦事處交通股長歐陽鐘致海軍局函」，㈦「黃珍吾報告」（一九二六年三月二十四日），㈧「李之龍供詞」（原件），㈨「歐陽鐘報告」；又「歐陽鐘供詞」（一九二六年三月三十一日），頁一二〇～一二二。

是：中山艦駛回黃埔，並非李之龍「矯令」，它與汪精衛、季山嘉、中共無關，蔣介石也沒有給海軍局或李之龍下達調艦命令。「中途加碼，『矯』蔣介石之令的是歐陽鐘。」⓭歐陽鐘是管理科交通股股長兼軍校駐省辦事處主任，海軍軍官學校副校長歐陽格之侄，「是孫文主義學會骨幹。」⓮

關於劫持蔣介石送往俄國、俄共倒蔣陰謀的說法，主要也是出自蔣介石的言論。蔣介石在四月二十一日，宴退出第一軍黨代表及中共長官的「訓話」中說：「至於有人說季山嘉陰謀，預定是日待我由省城乘船回黃埔途中，要想劫我到中山艦上，強逼我去海參崴的話，我也不能完全相信。不過有這樣一回事就是了。但是如果真有這事情的話，我想李之龍本人亦是不知道他究竟為什麼，他不過是執行他人的命令而已。」⓯

至於「有人說」，這是當時在廣州流傳的謠言。根據楊天石的分析，在散佈劫蔣去俄的謠言方面，伍朝樞、王柏齡和孫文主義學會都扮演了關鍵性的角色⓰。對此謠言，蔣介石說

⓭ 同上，頁一二一。

⓮ 同上，頁一二一～一二二。

⓯ 《蔣介石年譜初稿》，前出，頁五七六。原註稱：「此段文字是蔣介石親筆所加，其中『他不過是執行他人的命令而已』的『他人』，蔣介石開始寫的是『季山嘉』，後又抹去，改為『他人』。」

他「也不能完全相信」。這是違心之論，蔣介石不但沒有不信，而且是深信不疑，這又與「汪共勾結」有關。

「汪共勾結」、陰謀倒蔣的說法，不是「謠言」；對蔣介石來說，是鐵一般的事實。從蔣介石在中山艦事件後寫的日記中（三月二十一日、二十五日、二十六日、二十八日、三十日及四月七日）⑰，可以看出，當時蔣介石深信「擺布」、「陷害」他的核心人物是汪精衛。耿耿於懷，十二年後，談到抗戰期間汪精衛降日時，蔣介石在日記中說：「回憶民國十五年彼投共賣友，不惜禍黨誤國，余以至誠待之如總理。而彼為共黨所欺，以一時之利害，而放棄公私情義，不惜與蘇共協力謀我，思誘我上中山艦運往海參崴。」（一九三八年十二月二十四日）⑱。念念不忘，在一九五六年出版的《蘇俄在中國》中，蔣介石還在重複此一說法：「一直到了這一叛亂平定之後，我才知道他們的計畫，就是要在我從廣州省城乘艦回黃埔的途中，強迫我離粵，直駛海參崴，送往俄國，以消除他們假借國民革命來實行其『無產階級專政』的唯一障礙。」⑲

---

⑯ 楊天石，前出，頁一二三～一二四。

⑰《蔣介石年譜初稿》，前出，頁五四七～五四八、五五一、五五二、五五三、五五九。

⑱《總統蔣公大事長編初稿》，秦孝儀主編，臺北，一九七八，頁一三三〇。

四月底，鮑羅廷（Borodin, M. M.; 本名：Gruzenberg; 化名：Anglicanin/ 英國人，Bankir, M. Brown, Nikiforov）返回廣州。蔣介石在與鮑羅廷談論中山艦事件時，只強調一點：有人要劫持他，離開廣州，送往俄國。這是後話，第四章談及。

汪精衛「陰謀倒蔣」，從而與「俄共勾結」，這是中山艦事件的癥結所在。蔣介石是事件的主角，他在國民黨二大以後的日記中，透露了諸多具體訊息及其心路歷程，對於澄清中山艦事件發生的背景，至為重要。

二、蔣介石：當機立斷

一九二五年八月廖案發生後，蔣介石被任命為廣州衛戍司令（八月二十四日）。許崇智出走後，蔣介石已是廣東的實力派人物。但在國民黨二大時，蔣介石只是國民黨中央委員會及常務委員會的委員。汪精衛則集黨政軍大權於一身。國民黨二大之後，在鮑羅廷的領導之下，中共「包辦」國民黨的領導機構，紅色廣東已是名副其實的「小莫斯科」，而汪精衛又

⑲《蘇俄在中國——中國與俄共三十年經歷紀要》，蔣中正著，臺北，一九五七（再版），頁四十～四十一。

「與俄人沆瀣一氣」⑳。

國民黨二大以後，蔣汪矛盾以及蔣介石與蘇俄顧問之間的關係，日見惡化；蔣介石在他的日記中㉑，透露了諸多具體訊息及其心路歷程。

一九二六年初，蔣介石表示：「環境又漸惡，如不猛策，失敗即在目前，懔之懔之。」㉒蔣的「猛策」之一是，以退為進，再辭第一軍軍長職（一月十五日），但沒有想到馬上照准（一月二十日）。二月一日，軍事委員會任蔣介石為國民軍總監，但蔣表示不願屈就（二月八日）。接著又呈請辭軍事委員會委員及廣州衛戍司令職（二月九日）。蔣介石只辭一半，保留一半：「願專任中央政治委員會委員及校長。」因為「深念處境屯厄，非積極進行，衝破難關，不能再談革命，……思索半日，仍主固執道義，貫徹初衷耳。」㉓

蔣介石的「猛策」之二是，「與季山嘉研究北方軍事政治，謂『余若在北方覓得一革命

---

⑳《從容共到清黨》（下），前出，頁四八四。

㉑ 以下引用蔣介石日記的原文，係以《蔣介石年譜初稿》（中國第二歷史檔案館編，北京，一九九二）為主。《民國十五年以前之蔣介石先生》，有刪有改，僅供參照。

㉒《蔣介石年譜初稿》，頁五一五。

㉓ 同上，頁五三六～五三七。

根據地，所成就功業，其必十倍於此也，豈僅如今日而已乎？』」（一月二十八日）。但是蔣介石「近對羅、季二顧問主張，心輒不樂，嘗謂：『我以誠往彼以詐來，非可與共事之同志也。』」（一月十九日）。「季山嘉就談政局與軍隊組織，語多諷刺，又若甚疑懼公者。」（二月七日）㉔蔣介石對蘇俄顧問團不滿，因此「公主張改組參謀團，撤換蘇俄人員政務官者（俾免一般指摘）。」（二月十六日）㉕（這是中山艦事件發生時，蔣介石對俄方的主要要求。）

「蘇俄同事疑忌我、侮弄我」（二月十一日），「再三思考」，「如求進步，必應積極，否則赴莫斯科一遊，觀察蘇俄情況，以資借鏡，甚悔客氣動志，太無耐力也。」（二月十三日）㉖蔣介石又有了去俄的念頭。（這一點可以視為劫蔣去俄謠言的「歷史根源」。）但是，「終日思考，無法解決辭職問題。」（二月十四日）「悶坐愁城不如意事連續而至，所謂屋倒適逢連雨也。公私兩敗，內外夾攻，欲憤而自殺，既而悟徇外為人之心太重，豈自強不息者哉。」（二月十八日）㉗自殺，是憤而欲為，不能認真。二月十九日，蔣介石「致鮑羅廷書，

㉔ 同上，頁五三六。

㉕ 同上，頁五三八。

㉖ 同上，頁五三八。《民國十五年以前之蔣介石先生》沒有「否則赴莫斯科一遊，觀察蘇俄情況，以資借鏡。」這段文字。卷三，頁八五六。

長約數千言〔稿失〕，旋與汪兆銘商議赴俄事。公近以怨尤叢集，環境險危，部下思想未能一致，而安樂非可與共，決定再度赴俄，自以為新生命存亡之一大關鍵。季山嘉過訪聞之，狀似不安。」㉘二月二十二日，蔣介石赴俄顧問宴，次日有聞「茂如言有人毀我，昨夜又見人厭我之狀，余心滋怫，」㉙「是夜不能安眠，自謂憂患抑鬱，莫甚於此者。」（二月二十五日）㉚

二月二十六日，蔣介石「奪王懋功師長職，並扣留之。〔俄人季山嘉等為之震驚，以其利用王懋功圖謀不軌，傾覆本黨革命勢力不成也〕。」㉛（但在中山艦事件發生後，蔣在日記中又改口說：「精衛始嗾王懋功背叛不成，……」㉜）次日「上午，往訪汪主席報告要事，

㉗ 同上，頁五三九。《民國十五年以前之蔣介石先生》沒有「公私兩敗，內外夾攻，欲憤而自殺，」這段文字。卷三，頁八五七～八五八。
㉘ 同上，頁五三九。《民國十五年以前之蔣介石先生》沒有這段引句。卷三，頁八五八。
㉙ 同上，頁五四〇。
㉚ 同上，頁五四〇。
㉛ 同上，頁五四〇。原註稱：〔〕號文字：「此為蔣介石親筆加注者。」
㉜ 同上，頁五五二。

及對季山嘉處置意見。〔公以季山嘉之專橫矛盾，如不免去，非惟為害黨國，且必牽動中俄邦交，然料其為個人行動，決非蘇俄當局意也。〕有頃，季聞之，知過，並願辭退。公甚疑之。是夜，派副官陳希曾，押王懋功赴滬。公曰：「凡事皆有要著，要著一破，則一切糾紛不解自決。一月以來，心坎憧擾時自提防，至此略定〔然亦險矣哉！〕」[33]

二十八日，蔣介石「神志略定，夜始安寐，……自謂最後決心，只有強制執行，否則危害於黨國不可名狀也。」[34] 扣押王懋功，是蔣介石與蘇俄顧問的公開衝突，後者默認既成事實。蔣介石牛刀小試，險勝之後，信心倍增，不再憤欲自殺，並對汪精衛說：「一切實權非可落外人之手，雖即與第三國際聯絡亦應定一限度，要當不失自主地位。」（三月八日）[35]

蔣介石三月日記的主題是：各種謠言、反蔣傳單以及北伐問題。三月五日：「單槍匹馬，前虎後狼，孤孽顛危，此吾今日之處境也。總理與諸先烈在天有靈，其必憐而呵護之，不使我陷於絕境乎。」三月七日，「有人以油印品分送，作反蔣宣傳。」[36] 三月九日：「公以軍

---

33 同上，頁五四〇。

34 同上，頁五四〇～五四一。

35 同上，頁五四二。

36 同上，頁五四一，五四二。

事處置，失其自動能力，又共產分子在黨內活動，不能開誠相見，辦世界革命之大事，而內部分子複雜，貌合神離，革命如此，未有能成者也。深用慨嘆。」㊲三月十日：「公聞種種不堪入耳之謠言，」㊳「近日反蔣傳單不一，疑我、誇我、忌我、誣我、排我、害我者，漸次顯明。遇此拂逆之來，精神雖受打擊而心志益加堅強。」㊴三月十一日：「公為進退問題扼腕終日，夜不成眠。」㊵

至於北伐，蔣介石在二月二十四日就提議「早定北伐大計」㊶，但是，蘇俄顧問「多主北伐從緩」。（二月二十二日）㊷三月十二日，蔣介石又舊話重提：「季山嘉就談，極陳北伐之不利，公力辟其謬妄。」㊸十四日：「頃聆季新言，有諷余離粵意。其受讒已深，無法自

㊲同上，頁五四四。
㊳同上。
㊴同上。
㊵同上，頁五四五。
㊶同上，頁五四〇。
㊷同上，頁五三九。
㊸同上，頁五四五。

解，可奈何？」㊹十五日：「公以用人不能察言觀色，審慎周詳，乃致四面皆敵，肘腋受制，陷於重圍核心。只有奮鬥決戰，死中求生耳。」㊺十七日：「公曰，近來所受痛苦，至不能說，不忍說，且非夢想所能及者，是何異佛入地獄耶。」㊻

十八日「共產黨作亂。傍晚，海軍代理局長李之龍，矯令中山艦駛泊黃埔。」㊼十九日：「上午，往晤汪兆銘，回寓會客，痛恨共產黨挑撥離間與其買空賣空之卑劣行動，其欲陷害本黨、篡奪革命之心，早已路人皆知。若不於此當機立斷，何以救黨，何以自救，乃決心犧牲個人，不顧一切，誓報黨國。竟夕與各幹部密議，至四時，詣經理處，下定變各令。」㊽

對於這一段話，《蔣介石年譜初稿》有一個很重要的註：「此段文字係蔣介石親筆修改者。其修改前的原文是：『……回寓會客，恨共產黨陷害，決赴汕避禍。午後五時行至半途，猛思「我何為示人以弱？」仍返東山，誓犧牲個人一切，以救黨國。竟夕與各幹部密議，至四

㊹ 同上。

㊺ 同上，頁五四六。

㊻ 同上，頁五四七。

㊼ 同上。

㊽ 同上。

時，詣經理處，下定變各令。』」㊾

當時任虎門要塞司令的陳肇英，曾提及蔣介石改變避禍汕頭，「猛思」採取當機立斷措施的內幕。陳說，三月十九日午後八時許，蔣介石專使密邀陳肇英、徐桴、歐陽格三人，在東山官邸籌商對策。「當時蔣校長顧慮共黨在黃埔軍校內，擁有相當勢力，且駐省城滇軍朱培德部，又有共產黨朱德統率之大隊兵力，且獲有海軍的支持，頗非易與，主張先退潮汕，徐圖規復。我則主張出其不意，先發制人，並請命令可靠海軍，集中廣九車站待變，以防萬一。初時蔣校長頗為躊躇，且已購妥開往汕頭之日輪『廬山丸』艙位。迨車抵長堤附近，蔣校長考慮至再後，終覺放棄行動，後果殊難把握，亟命原車駛回東山官邸，重行商討，終於採納我的建議，佈置反擊。」㊿

三、反共第一，抗俄次之

根據上述，蔣介石沒有蓄意「製造」中山艦事件，在蔣汪、蔣共和蔣季（山嘉）矛盾日

㊾ 同上。《民國十五年以前之蔣介石先生》沒有「赴汕避禍」的記載。前出，卷三，頁八六九。

㊿ 陳肇英：「八十自述」，引自《中華民國史事紀要（初稿）》，前出，見❻，頁二四五～二四六。

見惡化的情形下，李之龍「矯令」中山艦駛回黃埔，引發了中山艦事件。

涉嫌「製造」中山艦事件的人物黨派，共有四組人馬：中共、俄共、蔣介石和孫文主義學會。對於前三者提不出「製造」的證據；嫌疑最大的，是孫文主義學會。大陸學者楊天石根據有關中山艦事件原件的分析認為，中山艦事件是孫文主義學會搞的把戲[51]。臺灣專家李雲漢說：「軍校教育長王柏齡也曾坦誠說出證實中山艦事變一事，『而其收攻之總樞，我敢說，是孫文主義學會。』」[52]維廷斯基在一九二六年四月二十四日寫給陳獨秀的信中，更一口咬定右派（孫文主義學會）是中山艦事件的幕後黑手[53]。

關於孫文主義學會與何應欽的關係，俄共祕檔提供了一些內幕資料。

中山艦事件後，四月二十三日，參謀總部高級顧問齊爾伯特(Zilbert, I.)前往汕頭視察第一軍情形。他在報告中說：所有第一軍的黨代表都被撤換了；第一軍軍長何應欽無此魄力，他是奉蔣介石的命令行事。在中山艦事件發生之前，何應欽曾一再對齊爾伯特（當時他是第一

---

[51] 楊天石，見[12]，頁一二五～一二八。

[52] 李雲漢：「孫文主義學會與早期反共運動」，見：《黃埔建校六十週年論文集》（上冊），臺北，一九八四，頁一〇五。

[53] 「維廷斯基關於三月事件後黨的工作給陳獨秀的信」，一九二六年四月二十四日（原件英文）。

軍顧問）針對㈠共產黨人與孫文主義學會的衝突，㈡共產黨人在理論問題方面絕不讓步，㈢政治部主任周恩來不採取任何解決糾紛的措施等等表示強烈不滿。何應欽認為共產黨人的工作具有攻擊性，到處滲透，把持一切職位。在國民黨內，不知道誰是共產黨人，有多少共產黨人。黨代表是蘇俄的制度，其他軍隊沒有這種名堂。最後，何應欽指出：中山艦要劫持蔣介石，送往蘇俄㊹。

齊爾伯特從他與何應欽的多次談話所得到的結論是，在第二次東征之後，第一軍與其他各軍相比，處境較差；受人歧視，經費不足；沒有給予足夠的關注。蔣介石也未能獲得領導第一軍的機會。李濟深控制了參謀總部，他的第四軍與第一軍的關係也不和諧。參謀總部的組織太差，羅茄覺夫把持一切，他與蔣的關係又是對立矛盾，根本不與蔣合作㊺。

對於孫文主義學會，報告著墨頗多。齊爾伯特認為，何應欽與孫文主義學會的關係，至為密切；學會的經費，可能是由何提供，因為何應欽的太太是孫文主義學會的主席，是一位頗為活躍的幹部。齊爾伯特補充說，當他到了汕頭之後，何應欽就把太太撤換了㊻。

㊹「參謀總部高級顧問齊爾伯特給廣東顧問團首席顧問的報告」，一九二六年四月二十三日，廣州。極密。

㊺同上。

蘇俄顧問團副團長並負責參謀總部工作的羅茄覺夫(Rogacev, V.)在一份有關中山艦事件的報告(四月二十八日)中說，在國民革命軍的六個軍裡，除了駐防汕頭的第一軍和駐防廣州的黃埔獨立第二師之外，在任何其他軍裡都沒有孫文主義學會的組織[57]。

如果中山艦駛回廣州，是一個孤立事件，沒有汪共勾結，劫蔣上中山艦送往蘇俄的謠言，也不會引發中山艦事件。斯切潘諾夫當時在有關中山艦事件的報告中說：「此事發生之前日，蔣介石曾接恫嚇之書信數件。十八日，蔣聞中山艦始而開往黃埔，繼而復還廣東，停泊於軍官學校之前，升火待發，認為有人欲殺害自己，而此謀己者舍共產黨員與俄人有關係之李之龍之外，別無他人。」[58]陳肇英說，十八日，李之龍「矯令」中山艦駛泊黃埔，「要脅蔣校長將黃埔軍校讓與汪精衛接辦，事前並備就蔣校長和陳立夫同志的出國赴俄護照。」[59]

對於蔣介石來說，汪精衛勾結共產黨人，是「劫蔣」陰謀的背後黑手。從蔣介石在中山

---

[56] 同上。

[57] 「廣州蘇俄軍事顧問團副團長羅茄覺夫關於廣州三月二十日事件的報告」，莫斯科，一九二六年四月二十八日。

[58] 見[1]，頁三十五。

[59] 見[50]，頁二四五。

艦事件後的日記中所透露的訊息是，蔣汪矛盾是敵我關係，蔣季矛盾、蔣共矛盾居於次要地位。蔣介石首先是「聞汪主席遷地就醫。」（三月二十三日）[60]，繼「訊汪行蹤不可得。」（三月二十五日）[61]蔣介石說：「精衛如此作態，則其見陷之計顯著，可不寒心。」（三月二十六日）[62]蔣對「見陷之計」，在三月二十八日的日記中，更有具體的指責：「政局不速定，甚恐夜長夢多。精衛始嗾王懋功背叛不成，繼挾教育長陷害又不成，毀壞余之名節，離間各軍感情，鼓動空氣，謂余欲滅共黨，欲反政府。嗚呼，抹殺余之事業，余所不恤，而其抹殺總理人格，埋沒總理系統，仇黨賣黨，竟至於此，可不裂眥乎。」[63]

蔣介石對於汪共勾結，劫蔣上中山艦送往蘇俄的謠言，當時深信不疑。三月十九日夜的定變措施，也提供了有力佐證。根據當事人的記載：

(一)三月十九日晚，駐廣州第一軍第二師師長劉峙與海軍將領歐陽格合作，先擒獲中山艦

---

[60] 《蔣介石年譜初稿》，前出，頁五五〇。

[61] 同上，頁五五一。

[62] 同上。《民國十五年以前之蔣介石先生》無此文句。前出，卷三，頁八七四。

[63] 同上。《民國十五年以前之蔣介石先生》無此段文字。前出，卷三，頁八七五。

副艦長，繼捕李之龍，「乃派兵一連佔領中山艦。」㊹「翌日天明」，蔣介石命虎門要塞司令陳肇英，率兵兩連，將中山艦駛回黃埔。㊺

關於處置中山艦的情形，當時的報導是：「十九日乃藉修理該艦為名，撥款數千元，令其入塢修整，艦員不知其詐，即將艦駛入南澳船廠修理，正在動工之際，蔣氏突派大隊兵士馳至，將各艦員拘禁一隅，盡將艦內之槍枝繳去，並將大砲之撞針沒收，該艦尚未修妥，即勒令出塢，駛返省河。旋又令開往黃埔，抵黃埔後，所有艦員，悉數拘入軍校，逐一訊問，並扣留與歐陽琳稍有關係者數人，其餘仍令回艦供職。」㊻（參閱上述海軍局蘇俄顧問格萊報告）

(二)三月二十日，蔣介石下令戒嚴。劉峙「集合第二師全體官兵於北較場，將各團中的共產黨黨代表、政工人員和其他不穩分子，一律繳械拘禁。」㊼

㊹ 劉峙：「我的回憶」，引自：《中華民國史事紀要》，前出，見❻，頁二四五。

㊺ 陳肇英：「八十自述」，同上，頁二四六。

㊻ 維嶽：「廣州市風雲之一瞥」，民國十五年三月三十日，上海「時報」，引自《中華民國史事紀要》，前出，頁二四八。

㊼ 同㊹。

㈢三月二十日，蔣介石下令第二師五、六兩團，收繳省港罷工委員會槍械，並勒令王懋功舊部繳械、解散。[68]

至於三月二十日在東山方面發生的情況，蘇俄顧問團副團長羅茄覺夫有如下的報告：「上午十時，第五團的一個連隊包圍東山，解除我們衛隊的武裝，並不准我們的任何一個同志進城。連長出示命令，表示行動合法。但對於我們的質詢，營長〔連長〕則說是奉蔣介石將軍的命令行事，但他並沒有蔣介石的書面命令。連隊在東山停留到下午四時才撤退；撤退前把槍械交還衛隊。下午六時，布勃諾夫同志命令我個人與蔣介石洽談。我見到的蔣介石是垂頭喪氣。他說，他要向國民黨中央政治委員會自請處分。蔣稱心境不寧。這是一樁挑撥事件，蔣自己也有錯誤；他要下令嚴格查辦。兩個鐘頭後，我又陪同布勃諾夫同志再訪蔣介石。蔣重複相同的談話之後，我們達成共識：對此事件進行調查。」[69]

從上述的定變措施中可以看出，蔣介石深信劫蔣上中山艦送往俄國的謠言。因此，定變

---

[68] 同[66]。

[69] 「廣州蘇俄軍事顧問團副團長羅茄覺夫關於廣州三月二十日事件原因之報告」，莫斯科，一九二六年四月二十五日。極密。

的首要措施是：逮捕李之龍，佔領中山艦；艦員悉數拘捕，並逐一訊問。至於包圍東山監視蘇俄顧問不得出入，是蔣介石要在沒有外力干擾的情況下，從容逮捕各軍共產分子，收繳罷工委員會的槍械，以及解除王懋功舊部武裝，換句話說，蔣介石要澈底解決迫在眉前的「劫持」危險以及「倒蔣」的潛在威脅。汪精衛雖然是集黨軍政大權於一身，但是，如果沒有俄人撐腰，中共支持，無異是一隻紙老虎。因此，三月二十日，蔣介石對汪精衛寓所只有派兵「保護」。

蔣介石的定變措施是，反共第一，抗俄次之。這一點，當時俄國人並不知道。對於廣州的蘇俄顧問來說，這是「青天霹靂」，驚惶失措。蔣介石派兵包圍東山，軟禁蘇俄顧問，簡直是太歲爺頭上動土，所為何來？

蔣介石於三月二十日下午四時下令撤退包圍東山的連隊。在短暫的兩個鐘頭左右，蘇俄顧問兩度訪晤蔣介石，可見其急於瞭解蔣介石行動真相的焦灼心情。但是兩次都不得要領，兩次蔣介石都以「對事件進行調查」，應付了事。因為在三月二十日當天下午，蔣介石雖然結束了定變措施，但還不知道後果如何，也未想出適當的藉口。但在事件發生的兩天之後，蔣介石已經控制了局面。蘇俄顧問也掌握了些許資料，相信蔣介石的行動不能不會影響廣東與蘇俄的關係，事態嚴重，於是在三月二十二日又有「俄使館參議某」往晤蔣介石，「問公以對人問題，抑對俄問題。答以對人。某言，只得此語，心已大安，當令季山嘉、羅茄覺夫等離粵回國。」⑩

蔣介石三月二十日的行動，既然是對人不對俄，中國視察團只有同意召回被蔣介石點名的季山嘉、羅茄覺夫等顧問返俄。正因為這個關係，俄共黨人在蘇俄顧問的錯誤方面大做文章。下章申論。

⑩《蔣介石年譜初稿》，前出，頁五四八。

第四章　俄共祕檔中的中山艦事件

中山艦事件發生時，蘇共中央派遣的「中國視察團」正在廣州。當時對中山艦事件的處理，發生了決定性的作用。大陸有關著作曾有提及「中國視察團」，但是沒有交待這是一個什麼性質的視察團。

根據俄共祕檔，一九二六年一月四日，托洛斯基（Trockij, L. D., 本名：Bronstejn）在寫給蘇共中央祕書處的信中認為，在中國國內發生的諸多事件，對此後數年會有重大影響。因此，再次提出建議：派遣一個具有權威的政治代表團到中國去，就地做出必要且刻不容緩的決定❶。

三天後，一月七日，蘇共中央政治局會議決定，原則上同意托洛斯基的提議，但是首先要：㈠組織部門提出人選，由政治局在一週內決定。㈡蘇共中央政治局中國委員會及外交事

---

❶「托洛斯基給蘇共（布）中央祕書處的信」，莫斯科，一九二六年一月四日。

務人民委員會評估中國局勢及提出具體建議，以供政治局參考。㈢外交事務人民委員會指示加拉罕及在中國的蘇共同志儘快提出詳細資料，並發給政治局所有委員參考❷。

一週後，蘇共中央政治局決定派遣一個特別代表團前往中國，團長是布勃諾夫（Bubnov, A. S.; 化名：Ivanovskij, A., 伊萬諾夫斯基。一九二四～一九二九年任工農紅軍行政署長、革命軍事委員會委員）。團員兩名：庫布雅克（Kubjak, N. A., 蘇共中央祕書及蘇共中央組織局幹部）及雷布時（Lepse, I. I., 自一九二四年任蘇共中央委員）；在中國的加拉罕加入該團。這個「中國視察團」的任務如下：「㈠查明中國局勢，報告政治局。㈡在不需要政治局同意的情形下，協同加拉罕同志就地採取所有必要措施。㈢整頓派往中國的軍事幹部的工作。㈣審查派往中國的革命幹部人選是否適當，以及如何領導他們。」❸此外，代表團首先要澄清中東鐵路的情況，向政治局提出詳細報告❹。

---

❷「蘇共（布）中央政治局會議紀錄第一號」，莫斯科，一九二六年一月七日。

❸「蘇共（布）中央政治局會議紀錄第三號」，莫斯科，一九二六年一月十四日。

❹「蘇共（布）中央政治局會議紀錄第五號」，莫斯科，一九二六年一月二十一日。

一、言行失體

蘇俄軍事顧問在廣東的任務是，儘快完成廣東的統一過程，尤其是革命武裝力量的統一化。廣東的武裝力量，除了第一軍外，都是軍閥的部隊，蘇俄顧問要為廣東建立革命武裝，不是為了軍閥訓練軍隊。因此，蘇俄顧問一方面要加緊實現廣東武裝力量的統一化，另一方面就特別重視政治工作。在這兩方面，蘇俄顧問犯了很多錯誤。

中山艦事件發生後，最先對事件表態的是顧問團的首席顧問斯切潘諾夫。他於三月二十三日在廣州俄共黨內提出報告，檢討事件發生的原因，並提出對策。這份報告在檢討事件原因、建議對策方面，反映了當時蘇共黨人對於中山艦事件的基本觀點；是一份重要文件，早在一九二八年就已公佈於世❺。但中譯與原件大有出入，且有漏句。以下引文，係以原件（德譯）為主。

❺「斯切潘諾夫出席廣東蘇聯委員團共產黨分部集會對於蔣介石與俄共產黨間之裂痕及利用蔣介石計畫之報告」，見：《蘇聯陰謀文證彙編》，京師警察廳編譯會編，北京，一九二八，「廣東事項類」，頁三十四～三十八。

斯切潘諾夫從蘇俄顧問在軍事工作及行政領導方面所犯的錯誤，與蔣介石的個性聯繫起來，分析中山艦事件發生的原因。他說，蘇俄顧問的具體錯誤是：㈠軍中行政管理機構集中化的速度過快（黨代表。蘇俄顧問突出自己，居於首位；在某些地方居然站在指揮官的地位，發號施令。）㈡過分地用監督部門迴避國民革命軍將領（參謀部、警務處、軍需局）。㈢關於帝國主義問題、農民問題及共產主義問題，在軍隊中執行了並不總是正確的宣傳工作路線❻。斯切潘諾夫繼續指出，中共在國民黨內和軍中的工作，也犯有錯誤。不過這是俄共領導無方，負有責任。至於蔣介石，他是事件的主角。蔣的個性發揮了不可輕視的作用，他有野心和權力慾，要成為全中國的英雄。蔣介石利用俄共與中共，因此，他在右派與共產黨人之間左右搖擺。斯切潘諾夫認為，蘇俄顧問的主要及次要錯誤，再加上蔣介石的個性及野心，中山艦事件這樣的「顛覆活動」（或「三月顛覆」，是當時俄共祕檔的用語。）遲早都要發生。「我們的極端做法，只是加快了事件的發生。」結論是：為了中國民族的革命事業，不問代價，必須爭取這位「非凡人物」——蔣介石❼。

❻ 「斯切潘諾夫同志在廣州顧問團俄共分部集會關於『三月二十日』的報告」，原件沒有日期，根據內容應為一九二六年三月二十三日。

❼ 同上。

「中國視察團」團長布勃諾夫於三月二十四日與蔣介石晤談之後，並且在登船離開廣州之前，在蘇俄顧問團全體工作人員的集會上，以「中國視察團」的名義，發表了一篇權威性的、長達六小時的報告❽。

布勃諾夫與斯切潘諾夫不同，後者是「從廣州看天下」，布勃諾夫則從宏觀的大角度來分析中山艦事件發生的原因，從而指出三大矛盾：

(一)集中化的國家權力，與尚未根除的中國黷武主義的習俗之間的矛盾。

(二)參與民族革命的主要力量——城市小資產階級與工人階級之間的矛盾。具體地說，無產階級參與中國的民族革命，無條件地支持國民政府，同時又要在進行民族革命的過程中，確保經久不變的勝利和進一步的發展。小資產階級與無產階級合作，但是搖擺不定，常常倒向革命的另一方向，甚至走上確保買辦資產階級利益的道路上去。

(三)第三個矛盾是導致「三月顛覆」事件的矛盾，也就是國民黨左派與右派之間的矛盾，

❽「伊萬諾夫斯基（布勃諾夫）同志在廣東顧問團全體工作人員集會的報告」，廣州，一九二六年三月二十四日。

也是城市小資產階級利益與中國上層社會資產階級買辦們的利害衝突。在這裡不能忽略的是，在背後有帝國主義支持的中國大資產階級與正在成長中的工人階級之利害衝突。國民黨右派（孫文主義學會）就反映了大資產階級的利益，是香港的政治買辦。❾

布勃諾夫接著指出，「三月顛覆」事件揭露了蘇俄顧問在廣東工作的難處。換句話說，「我們必須在民族革命的進程中，確保革命勝利的完整與持久。但決不能因此而認為，我們目前要負有直接領導民族革命的任務，要直接執行基本的革命措施的任務，即把這種完全超出我們能力的任務一把抓過來。在這一方面的任何過火行為，都會：㈠更加嚇倒大資產階級，㈡引起小資產階級的動搖，㈢使尚未根除的中國黷武主義的習俗復蘇，㈣加強國民黨左、右派的矛盾，㈤在『消滅赤禍』的口號下導致反共浪潮的高漲，㈥為國民政府製造危機，最後擴大民族革命失敗的危險。誰看不到這一點，誰就不能從三月顛覆的經驗中得到實踐的教訓。」❿

布勃諾夫認為「三月顛覆」事件是一個反對蘇俄顧問和中國黨代表的「小型準暴動」。這

❾ 同上。

❿ 同上。

一事件是由上述諸多矛盾所引發的，但是蘇俄顧問在軍事工作方面所犯的重大錯誤，又使這些矛盾更加尖銳化。關於蘇俄顧問在軍事工作方面的錯誤，布勃諾夫除了重複上述斯切潘諾夫指出的三點之外，又加上三點：㈠未能預見與國民政府衝突的可能性，這一衝突反映在國民革命軍中。㈡對於國民政府及國民革命軍的鞏固和統一估計過高。㈢沒有能力及時發覺並排除軍中工作的過火行為；這種過火行為在「三月顛覆」事件中暴露無遺。布勃諾夫更進一步地具體指出，蘇俄顧問在中國將領的脖子上加了五個頸套：參謀處、警務處、軍需局、黨代表和蘇俄顧問。不能忘記的是，軍隊中的將領是中國人，顧問是俄國人；俄國顧問粗暴地對待中國人。在這一方面，蘇俄顧問犯了一連串的錯誤。一句話，蘇俄顧問的「言行失體」是一種「反革命行為，要連根拔起。」另外，蘇俄顧問在軍中的宣傳工作路線，也不見得是正確的，因為工作的對象是中國的國民革命軍隊，不是由工農分子構成蘇俄紅軍⓫。

至於召回季山嘉等顧問回俄，布勃諾夫說這不是單方面對蔣介石的讓步。因為俄方在三月二十二日夜獲得情報說，可能會再度發生三月二十日的顛覆事件。俄方認為，在廣州和省內的力量分佈，對國民政府不利；要爭取時間，就必須妥協。此外，整個事件是針對蘇俄顧問和中國黨代表而發的，因此，俄方同意撤換季山嘉、羅茄覺夫二顧問，從而取得某種程度

⓫ 同上。

的平衡狀態⑫。

三月二十四日，布勃諾夫率領的中國視察團乘船離開廣州。共產國際東方部副主任索洛維夫隨行，他在船上寫給加拉罕的信中說，代表團決定對蔣介石讓步，撤換季山嘉，這是策略上的讓步，是為了爭取時間，以便從事解決蔣之準備。他同意此一策略，認為蘇俄顧問的做法過火，忘記自己是顧問，而非指揮官。索洛維夫強調，要爭取蔣介石失去的信任；一如從前，繼續合作。只有鮑羅廷可以完成此一工作⑬。

談到汪精衛，索洛維夫說，在中山艦事件發生的前兩天，汪可能已經知道了，但是汪對蔣介石的「顛覆活動」仍感意外。汪精衛對譚延闓、朱培德、宋子文和李濟深等人說，他已失去面子，不再問政。重要的是，俄方對蔣介石的讓步以及撤換他的「戰友」季山嘉，事前事後都沒有與汪溝通，深感受辱。因此，汪精衛不通知蘇俄顧問，也違反俄方願望就躲起來了。俄方要助汪解脫此一困境，並對汪解釋：對蔣讓步，不是莫斯科基本路線的改變，而是策略上的必要措施，對汪的信任也依然不變。索洛維夫說，在當前，不僅要爭取蔣介石，也

---

⑫ 同上。

⑬ 「索洛維夫關於在一九二六年三月二十日事件中汪精衛與蔣介石之關係給加拉罕的信」，廣州，一九二六年三月二十四日，在“Pamjat Lenina”號輪船上。

要抓住汪精衛，促使汪蔣合作。索洛維夫再度強調：只有鮑羅廷可以勝任其事⑭。「汪蔣合作」，是中山艦事件發生時，第一次由索洛維夫提出來的。

三月二十七日，布勃諾夫又從汕頭寫了一封長信給鮑羅廷，談到中國視察團在廣東十四天視察國民黨中央政治委員會、國民政府、國民革命軍，以及社會團體和農民工作所得到的結論。布勃諾夫表示非常遺憾，未能在行前與汪精衛晤談，以及未能獲得對國民黨中央政治委員會說明俄方對中山艦事件看法的機會。對鮑羅廷，布勃諾夫再次強調，這個「三月顛覆」事件是一個反對蘇俄顧問和中國軍中黨代表的「小型準暴動」。至於蘇俄顧問在軍中工作的錯誤，他重複了三月二十四日的報告，但著重指出：蘇俄顧問喧賓奪主，發號施令的做法，必須澈底根除。黨代表對軍中將領的監督，必須減輕、緩和。在軍中的政治宣傳工作，更要採取較大的克制態度。談到國民黨，布勃諾夫說，中國視察團認為，「三月顛覆」事件再度暴露了右派問題，俄方沒有理由要改變對國民黨右派的策略。但是，中國視察團堅信：在國民革命軍中，必須採取解散「孫文主義學會」的措施⑮。

---

⑭ 同上。

⑮ 「布勃諾夫關於代表團對國民黨中央政治委員會及國民政府工作的調查結論給鮑羅廷的信」，汕頭，一九二六年三月二十七日。密。

同一天，三月二十七日，布勃諾夫又以中國視察團的名義，對斯切潘諾夫發出下列指示：

㈠在軍中繼續執行前任首席代表所制定的有關訓練和建軍措施。

㈡中國視察團在三月二十四日的報告中，對蘇俄顧問及黨代表問題，已經發出指示，今後工作應以此項指示為準。斯切潘諾夫要對所有顧問發出糾正錯誤的命令，即蘇俄顧問不得發號施令，不能在工作上突出自己，要使中國的指揮官和上級發揮作用；在對中國的將領和軍官的關係方面，要舉止得體，行為克制。

至於黨代表制度，應執行視察團在報告中的指示，緩和軍中黨代表對將領的監督。斯切潘諾夫要根據此一指示，制定相應措施，期使黨代表能扮演名副其實的角色。

㈢中國視察團認為，斯切潘諾夫要馬上改編他的衛隊，衛隊應編為國民革命軍的一部分，並建議：在澈底解散衛隊問題上，應考慮使用便衣保衛人員，用來代替全副武裝、公開亮相的門衛；他們站在官邸門口，成為整個東山居民的眼中之釘。⑯

關於軍中的政治工作及黨代表制度，穆欣（Musin, I. M.，一九二三～一九二五年任共產

---

⑯「伊萬諾夫斯基給斯切潘諾夫的信」，汕頭，一九二六年三月二十七日。

國際東方部祕書，一九二五～一九二七年任塔斯社駐華通訊員）在大使館俄共分部的內部集會上，具體指出軍中政治工作方面的錯誤是，從來沒有提過孫中山的名字，從未講過三民主義的意義，在對士兵教育的內容中，也從未提過國民黨，顧問把蘇俄紅軍的工作方法和經驗生硬地搬到廣東，他們忘記他們所面對的不是蘇俄紅軍士兵，而是中國的軍隊；忘記他們是處於客卿地位的顧問，不是發號施令的指揮官。對於黨代表問題，穆欣說，這個「黨委」制度，在實際運作上引起中國將領的不滿，特別是蔣介石。蔣認為，黨代表制度在蘇俄紅軍中有此必要，因為軍中幹部的大部分是沙皇時代的舊軍官，黨對他們沒有信任。但在中國，在廣東，情形完全不同，國民革命軍由上到下都是國民黨員，不知道黨代表是為誰而設⑰？

中山艦事件後，蔣介石於四月八日在對中央軍校官生講演時，提到黨代表問題。他說，黨代表制度在中國，「是由我一人提倡出來的。」但「要以跨黨的黨員來做黨代表，這就不能算是國民黨的黨代表了。」「如果本校長早日防止了這種毛病，我相信三月二十日那天的事情，是不會發生的，所以黨軍由黨代表演出來的弊端和損失，可以說完全是由於我個人的疏忽和失察。」⑱

---

⑰ 「穆欣在大使館俄共分部內部集會的報告」，一九二六年五月十九日。參閱：「共產國際東方部副主任索洛維夫給共產國際東方部關於中國情勢的報告」，莫斯科，一九二六年七月七日。

五月二十日，蘇共中央政治局在聽取布勃諾夫的報告之後，決議對廣東的俄共黨人，發出蘇共中央祕函指示，不准監督華人幹部[19]。

有政治局授權的布勃諾夫和首席顧問斯切潘諾夫認為，蘇俄顧問在軍中工作方面犯了嚴重錯誤，引發了「三月顛覆」事件。因此，中國視察團同意召回被蔣介石點名的季山嘉和羅茄覺夫。

羅茄覺夫於三月二十四日離開廣州。返回俄國後，於四月二十五日及四月二十八日提出兩份有關中山艦事件的報告[20]。羅茄覺夫是重要的「當事人」之一，也是「被告」，其自辯

---

[18] 《蔣介石年譜初稿》，中國第二歷史檔案館，北京，一九九二，頁五六〇、五六一、五六二。

按國民革命軍施行黨代表制，係由黃埔軍校校軍教導團開始。一九二六年二月二十三日，國民黨中常會通過「國民革命軍黨代表條例案」。三月十九日，國民政府公佈「國民革命軍黨代表條例」。兩者文字頗有不同。公佈的條例，見：《中華民國史事紀要（初稿）——中華民國十五年（一九二六）一至十二月份》，臺北，一九七八，頁二三七～二三九。

[19] 「蘇共（布）中央政治局會議紀錄第二十七號」，莫斯科，一九二六年五月二十日。

[20] ㈠「蘇俄廣東軍事顧問團副團長羅茄覺夫關於廣州一九二六年三月二十日事件發生原因的報告」，莫斯科，一九二六年四月二十五日。極密。㈡「蘇俄廣東軍事顧問團副團長羅茄覺夫關於

文字，值得引述。

根據羅茄覺夫的報告，三月十八日，李之龍接獲以蔣介石名義的電話命令：中山艦開往黃埔。李之龍照辦，但親自請蔣補發書面命令。蔣介石說他根本沒有發出任何命令。同時，蔣介石又收到一封偽造有李之龍簽名的信，要求蔣在三天之內，把廣東境內所有工廠企業收歸國有。如果拒絕執行，就要逮捕蔣介石，送往俄國。右派（孫文主義學會）暗示說，中山艦駛往黃埔和李之龍的恐嚇信，是俄共與中共要把蔣介石趕出廣東的有力證據。羅茄覺夫說，蔣介石的個性、作風以及在軍中領導集中化的過程中對蔣不利的措施，使蔣陷入反間之計㉑。

羅茄覺夫認為，三月二十日事件，一方面反映了中國大資本家（背後有帝國主義者撐腰）與工人運動的矛盾，另一方面也反映了國民黨內部（城市小資產階級、農民與買辦階級）的矛盾㉒。因此，如果三月二十日事件沒有出現，此一「顛覆活動」今後也會發生，換句話說，不能只從蘇俄軍事顧問的領導錯誤和言行失體的角度來分析此一事件。國民黨的內部矛盾也反映在軍中。代表買辦資產階級的右派，一直在進行對左派的鬥爭。這種鬥爭集中在孫文主

廣州三月二十日事件的報告」，莫斯科，一九二六年四月二十八日。

㉑ 同上，㈡。

㉒ 同上。

義學會；他們的主要口號是：「從廣東趕走共產黨人」㉓。羅茄覺夫的結論是：不應該檢討這個或那個顧問犯了什麼錯誤（他不否認在某些地方確實有錯，但總體說來，是正確的），而是要對國民黨內部的反動勢力進行鬥爭㉔。他認為，蔣介石還不會與右派達成合作的協議；蔣介石有野心，還要留在國民政府內，因為他是能夠領導北伐最有資格和唯一的候選人。蔣已是一個實力人物，沒有他，右派無法興風作浪㉕。

羅茄覺夫的兩份報告，是一個翻案文件，就中山艦事件發生的原因來說，他的觀點與遠東局的調查報告基本一致。

二、撤換鮑羅廷

中山艦事件的發生，對於莫斯科來說，有如「青天霹靂」，同時也說明蘇共中央無法遙控遠在中國發生的突發事件。由布勃諾夫率領的中國視察團已於三月二十四日離開廣州。其

㉓ 同上，㈠。

㉔ 同上。

㉕ 同上。

斯科迫切需要瞭解中山艦事件後的廣州局勢和國共關係，特別是中山艦事件的來龍去脈，以便採取相應策略，蘇共中央政治局乃於三月二十五日會議決定，詢問加拉罕及鮑羅廷關於廣州局勢及為穩定廣州局面而採取的措施，以及在考慮到華中及華北情勢有變的情形下，莫斯科對於此一事件應採取何種措施㉖。同時，政治局又通過決議：對於在上海設立「共產國際遠東局」一節，不表異議㉗。四月二十九日，政治局又決定遠東局的人選：維廷斯基（主任）、拉菲斯、傅金、賀勒（Heller, L. N., 一九二〇～一九三〇任紅色工會國際東方部主任）及中、韓、日共代表各一人㉘。後者三人是敬陪末座，聊備一格。賀勒因病很少參與會議。上海共產國際遠東局實際上是一個「三人小組」，但這三位又是立場不同，意見相左，兩派對立，以下申論。六月十八日，遠東局正式開始在上海工作㉙。

從八月六日至九月二日，遠東局的維廷斯基、拉菲斯及傅金前往廣州，進行現地調查，

㉖ 「蘇共（布）中央政治局會議紀錄第十七號」，莫斯科，一九二六年三月二十五日。

㉗ 同上。

㉘ 「蘇共（布）中央政治局會議紀錄第二十二號」，莫斯科，一九二六年四月二十九日。

㉙ 「關於遠東局自一九二六年六月十八日至七月十八日的工作報告」（主任維廷斯基、祕書馬格思）。原件無寄件地點及日期。

其任務是：㈠中山艦事件的主要原因及其在社會政治方面產生的後果，以及因而引發的權力交替。㈡進行北伐後廣州的政治情勢。㈢審查「三月二十日」後（中共）黨的政治路線，特別是國共關係，並根據中共中央最近會議的決議（上海中共中央七月擴大會議）予以糾正。㈣瞭解農民運動及其在一般情況下所扮演的角色。㈤就地研究儘快結束香港罷工的形式與方法。㈥深入瞭解中共組織、共青團及工會運動㉚。

九月十二日，遠東局給共產國際東方部提出一份詳細的調查結果報告。關於中山艦事件發生的原委及「廣州同志」的錯誤，是報告的重點。這份報告不僅推翻持有尚方寶劍的中國視察團對於中山艦事件的分析、結論，以及措施，同時正式批鬥鮑羅廷。在有關莫斯科與中國革命的書籍中，一般都強調史大林與反對派的黨爭。俄共中國革命祕檔首次透露了維廷斯基與鮑羅廷關於中國革命策略的兩條路線的鬥爭。

報告說，三月二十日蔣介石的軍事行動，使許多蘇俄同志起先認為發生事件的主要原因是，蔣介石對軍中情況不滿，特別是黨代表制度，以及軍事顧問的言行失體等等。無可否認，這些因素發生了一定的負面作用，但不久證明，事件發生的真正原因是，冰凍三尺，非一日

㉚「遠東局委員維廷斯基、拉菲斯、傅金關於對廣州的政治情勢及黨的情況調查結果給共產國際遠東部的報告」，一九二六年九月十二日。極密。

之寒。三月二十日蔣介石的軍事行動，不是蔣介石和中派發動之孤立的事件。事件之後又發生了一連串的行動，其結果是五月底的權力更替：黨政大權由以汪精衛為首的左派和共產派轉移到以蔣介石為首的中派手裡，蔣介石更是黨軍大權一把抓（國民革命軍總司令、國民黨中央執行委員會常務委員會主席）。這個廣州政權，反映了三月二十日「顛覆事件」的真正本質[31]。

報告接著指出，中山艦事件發生的客觀因素是，廣東省境的經濟因素使廣東政權搖擺不定。具體言之，在廣東省內由廣東政府及國民革命軍支持而推展的農民運動，使農民與地主、鄉紳的衝突日見擴大，也使國民黨內部左派、共產黨與由蔣介石領導的中派之間的矛盾，逐漸惡化。此外，上海罷工以後，國民革命運動開始分化，以及國民軍在北方的失敗，這兩個因素又在一九二六年二月至三月使國民黨內的左、中、右派的分化達到高潮。左派走聯合農民的路線，右派決心與帝國主義者合作。至於中派，報告說：「如果我們的同志〔陳延年〕稱蔣介石是戴季陶的武裝胳臂，那就是說，與鄉紳結合起來的中國資產階級為爭取領導民族革命運動的鬥爭，必將走上反革命。」蔣介石在三月二十日所採取的武裝行動，就是國民黨左派及共產派與中派澈底破裂的直接結果[32]。

---

[31] 同上。

報告說，這裡涉及到一個關鍵問題：在三月二十日前夜，國民黨左派及共產派對國民黨的政策，是使中山艦事件發生的主要因素，並導致事件發生後的諸多變化。報告話鋒一轉，箭頭指向「廣州同志的政治錯誤」——鮑羅廷。

報告指出，自從一九二五年夏以來，在中共中央與中共廣東區委之間，對於廣東區委的整個政策有嚴重分歧。因此，遠東局早在七月一日的電報中強調，國民黨二大時，左派與共產黨高估自己的實力與影響，從而根本沒有注意到北方在軍事方面的惡化，以及資產階級在港口地區加強組織活動。從國民黨二大到三月二十日的這段時期，左派自滿自恃，政策不變；沒有必要地使大批中共黨人和左派進入國民黨中央委員會，同時又沒有在工農組織中鞏固左派的地位，一切全靠「他們的」政府撐腰。這種現實與左派自恃的矛盾，決定了蔣介石在三月二十日的進攻；蔣介石的此一行動揭露了國民黨左派與共產派的弱點，解決了左派在形式上的統治，趕走了汪精衛（對蔣來說，這是最重要的），此一行動也標誌了剿共的開始㉝。

報告說，上引七月一日電報的看法是正確的，現在更可以肯定地說：「在無視自己的真實力量，在極端不利的時刻，以及在沒有農民群眾準備的情況下，廣東同志有意識地促發了

㉜ 同上。

㉝ 同上。

（三月二十日的）『進攻』。他們的企圖是，由左派及共產派佔據（國民黨）整個的權力機構，以期能夠儘快地執行對農民採取的諸多措施。他們的這一企圖，對國民黨內的其他派系自然無法保密，其結果是『三月二十日』以及此後發生的事件。如果反革命勢力有較好的組織的話，如果在『三月二十日』之後沒有用讓步糾正了錯誤的話，所有這些勢將導致廣東基地的喪失。」㉞

遠東局報告，用了很大的篇幅轉述中共廣東區委祕書陳延年在廣東區委會議上的發言。陳延年說，從開始，廣東同志所採取的策略路線是，不擇手段，不問代價，把持國民黨和國民政府的所有機構；與國民黨左派的一部分，也就是與明顯反對中派的汪精衛左派結成聯盟。有了這個聯盟，「我們就什麼都不怕，不怕帝國主義者，不怕國民黨右派，也不怕反革命。」這個策略的結果是，左派與共產派日趨孤立，最後導致蔣介石在三月二十日進行武裝顛覆活動。報告在轉述陳延年的發言之後，提出結論說：上述共產黨人與國民黨左派在政策上所犯的錯誤，導致他們與蔣介石中派的破裂和三月二十日事件。在此一背景下，中共黨人（黨代表）和蘇俄顧問在軍中政治工作的錯誤方法，是次要矛盾，並非主要因素。蔣介石相信，左派與共產派的整個策略是對付他本人的，使他不能參與任何政治、軍事權力。因此，蔣介石

㉞ 同上。

在三月二十日採取了武裝奪權行動㉟。

上海共產國際遠東局三人小組於九月十二日提出上述調查結果報告之後，於九月二十二日又給莫斯科駐共產國際蘇共（布）中央代表團寫信，重申「廣東同志」自一九二五年至一九二六年對國民黨和國民政府在政治上所犯的錯誤，提前導致與以蔣介石為首的中派的破裂及蔣在三月二十日發動的武裝顛覆行動。「廣東同志」死不認帳，又在這種錯誤的基礎上，拒絕執行中共中央擴大會議的決議㊱。

遠東局三名委員（維廷斯基、拉菲斯、傅金）最後在信中用堅定的口吻指出：只要鮑羅廷留在廣州，中共廣東區委領導的部分人事調動，無濟於事。因為鮑羅廷是在廣東的蘇維埃社會主義共和國聯盟的代表，事實上領導中共組織的政治工作，他的權威助長了廣東同志在各方面的錯誤看法。鮑羅廷有一套自成系統的觀點，與莫斯科在中國的一般政策有違。目前，鮑羅廷與中派、蔣介石的關係惡化，左派對鮑羅廷也採取敬而遠之的態度。總之，在目前情況惡化，且在與國民黨各派系進行縱橫捭闔的複雜政治運作的情形下，鮑羅廷無法勝任工作，

㉟ 同上。

㊱「共產國際遠東局委員給蘇共（布）中央駐共產國際代表團關於從廣州召回鮑羅廷的信」，一九二六年九月二十二日。極密。

應即召回鮑羅廷，由一位有經驗的政治幹部接任，是迫切必要的㊲。

中共黨史指出，中山艦事件後，季山嘉認為力量不足，不贊成反擊蔣介石。馮玉祥的國民軍在北方的失敗，更使蘇俄顧問擔心在南方同蔣介石的關係搞得緊張起來，將會失去他的支持。當時在廣州的蘇聯視察團團長布勃諾夫害怕反擊會影響中蘇關係，並認為顧問團本身的工作也有嚴重錯誤，主張對蔣介石讓步㊳。妥協責任「除了陳獨秀應負責任外，布勃諾夫和蘇聯顧問也負有不可推卸的責任。」㊴對於國民黨二中全會限共的「整理黨務案」，中共官修黨史說：「會議前，蔣介石曾同剛剛回到廣州的鮑羅廷多次商談，要他接受這個要求。鮑羅廷為了貫徹共產國際提出的要共產黨員繼續留在國民黨內並促使蔣介石北伐的方針，對蔣介石作出讓步，同意了他的要求。」㊵對中共黨史的這兩點指責，鮑羅廷有一個背景說明，值得引述。

㊲ 同上。

㊳《中國共產黨歷史》（上卷），中共中央黨史研究室著，北京，一九九一，頁一四八～一四九。

㊴《「中國共產黨歷史（上卷）」若干問題說明》，中共中央黨史研究室一室編著，北京，一九九一，頁六十八。

㊵ 見㊳，頁一四九～一五〇。

武漢分共以後，鮑羅廷於一九二七年十月在莫斯科對「老布爾什維克協會」會員發表了一篇報告，題目是：「近代中國的政經情況」❹❶。這是鮑羅廷對蘇俄於二十年代在中國推行民族革命運動的總結。在提到中山艦事件和整理黨務案的部分，他說，在蔣介石與鮑羅廷談論中山艦事件的原委時，蔣只強調一點：有人要劫蔣送去海參崴，汪精衛參與此一陰謀。對蔣來說，核心問題是，共產黨人是否應該在國民黨內繼續掌控權力。鮑羅廷指出，「三二〇政變」、「整理黨務案」與四一二上海清黨不同，前兩者都沒有反對擁有權勢的罷工委員會，亦未觸及工農運動。換言之，蔣介石根本沒有限制中共繼續發展群眾工作。鮑羅廷說，中共從加入國民黨開始就有一定的目的，就是利用群眾運動來發展自己。蔣介石既然不限制發展群眾工作，亦未限制中共掌握農民及工會組織，中共就不妨在國民黨內的職位分配上作出讓步，否則可能導致與國民黨合作的結束，反帝鬥爭也將成為泡影。另外，如果在三二〇當時反擊蔣介石，中共是心有餘而力不足，一定會遭受失敗。另一方面，蔣介石無力也無意趕盡殺絕，只有適可而止。在這種情況下，雙方達成維持國共統一戰線的默契。鮑羅廷進而指出，雙方進行殊死鬥爭的戰場，不是廣東，而是華中。因此，蔣介石矢志北伐，鮑羅廷也對蔣介

❹❶「鮑羅廷在老布爾什維克會員大會關於『近代中國的政治經濟情勢』的報告」，一九二七年十月二十三日。密。全文見第十章。

石保證支持北伐。因為中共在與左派聯盟的情形下，也無力在其他省份獨力發展群眾工作，更談不上解決「三月政變派」，恢復三二〇事件以前的局面[42]。

[42] 同上。

第五章　莫斯科：北伐從緩

一九二六年初，共產國際執行委員會第六次擴大會議（一九二六年二月十七日～三月十五日），從反帝的宏觀角度指出：「中國工人在上海和香港的政治罷工（一九二五年六月至九月），已成為中國人民反對外國帝國主義者的解放鬥爭的轉折點。……進一步地加速了奉系和直系封建軍閥集團的衰敗、分化和崩潰過程。」「國民軍在華北的建立及其反對封建軍閥的鬥爭，是民族解放運動的重大成就，它和廣州軍一起成為建立中國民族民主革命軍的基礎。」❶

同時，中共中央在北京召開特別會議（一九二六年二月二十一日～二十四日）。中共「從北京看天下」，認為：五卅反帝國主義的國民運動，「本是各階級極大的聯合戰線，可是這一

❶「關於中國問題的決議」，見：《共產國際有關中國革命的文獻資料（一九一九～一九二八）》，第一輯，中國社會科學院近代史研究所翻譯室編譯，北京，一九八一，頁一三六、一三七。

聯合戰線，不久便分裂了。」北方國民軍「漫無中心，還不是革命的人民武力」；英日帝國主義和奉直軍閥反國民軍的聯合戰線如果得勝，必然要進攻並推翻廣州國民政府。在此「中國革命的生死存亡的關頭」，「本黨現時最主要的職任，實在是各方面的準備廣州國民革命勢力的向北發展。」❷三月十四日，中共中央又發出通告，再度指出：「黨在現時政治上主要的職任是從各方面準備廣東政府的北伐。」❸

中山艦事件發生時，「中國視察團」正在廣州。團長布勃諾夫在三月二十四日的報告中談到北伐問題。他說，中國將領一致主張北伐；國民革命不能局限於南方，坐待北方的一切矛盾自行解除，廣州必須向外發展。是否北伐，已經不是一個問題，北伐只是一個時間問題。但是，布勃諾夫認為，進行北伐，如果沒有農民參加，將是最大錯誤；進行北伐，廣東是心有餘而力不足。因此，「我們還要做出決定。」❹從廣州回到莫斯科的顧問羅茄覺夫和廣東

❷「關於現時政局與共產黨的主要職任議決案」，見：《中共中央文件選集（一九二六）》，第二冊，中央檔案館編，北京，一九八九，頁五十三、五十五、五十七。

❸「中央通告第七十九號——關於二月北京中央特別會議」（一九二六年三月十四日），同上，頁八十一。

❹「伊萬諾夫斯基（布勃諾夫）同志在廣東顧問團全體工作人員集會的報告」，廣州，一九二六年

的中國將領一樣，主張廣東要擴大地盤，北伐應該提上日程❺。

國民軍於三月二十一日撤出天津。四月一日，蘇共中央政治局召開會議指出，國民軍的失敗是帝國主義影響的增強。但與上述中共中央的二月決議不同，認為廣東不能存有在廣東省以外擴大地盤的企圖，而是在目前階段要全力集中於內部工作。廣東更不該尋求與帝國主義國家建立正式關係。在「關於我們對中日政策的問題」的附件中，更進一步地指出：在中國革命運動緩慢發展的情形下，廣東不僅應該是一個過渡的革命橋頭堡，擁有三千七百萬人口的廣東也需要一個穩定的經濟環境和國家政權。廣東政府必須竭盡全力加強共和國的內部鞏固。在目前階段，對於進行具有攻擊性的軍事行動的想法，以及可以引起帝國主義，特別是日本，走上軍事干涉道路的一切行動，廣東政府必須澈底拒絕❻。

兩星期後，四月十五日，蘇共中央政治局通過接受史大林草擬的蘇共中央電報：㈠「針對廣東政府在廣東以外進行不適當的軍事行動所發出的最新指示，即廣東政府要集中全力於

三月二十四日。

❺「蘇俄廣東軍事顧問副團長羅茄覺夫關於廣州一九二六年三月二十日事件發生原因的報告」，莫斯科，一九二六年四月二十五日。極密。

❻「蘇共（布）中央政治局會議紀錄第十八號」，莫斯科，一九二六年四月一日。

政權的內部鞏固，要絕對遵守。」㈡「如果在廣東以外確有進行軍事征伐的迫切需要時，只有在蘇共中央同意的情形下，才能進行。」由於國民軍在北方的失敗，蘇俄要加強在廣東的軍中工作，並應儘量滿足廣東要求增加顧問和援助物資的願望❼。

根據蘇共中央政治局的上述決議，共產國際執行委員會遠東祕書處，於四月二十七日會議通過給中共中央發出指示：不准廣東現時進行北伐❽。蔡和森在會議上的報告中說，中共今年二月通過決議準備北伐，這是一個極左的錯誤決定❾。維廷斯基也反對北伐❿。

中山艦事件後，北方局勢惡化，南方廣東已經不是紙老虎汪精衛當家的局面，鮑羅廷也不再是呼風喚雨的欽差大臣。蔣介石是集黨政軍大權於一身的強人。這是蘇俄在中國推行民

❼「蘇共（布）中央政治局會議紀錄第二十號」，莫斯科，一九二六年四月十五日。

❽「共產國際執行委員會遠東祕書處會議紀錄第三號及蔡同志關於中國現時情勢的報告」，莫斯科，一九二六年四月二十七日。

❾同上。

❿一、「維廷斯基給加拉罕的信」，上海，一九二六年六月二十一日。二、「維廷斯基給加拉罕的信」，上海，一九二六年七月六日。三、「維廷斯基給加拉罕的信」，一九二六年七月二十四日（無發信地點）。

族革命運動過程中的基本轉變。就在蘇共中央發令不准北伐的同時，四月三日，蔣介石建議國民黨中央，准期北伐，「兩廣決於三個月內（即本年六月底）實行出兵北伐。」[11]四月十四日，蔣介石在「忠告軍事同學書」中說：「惟北伐未成，為總理畢生之遺憾，且以此重托於中正者，故回省以來，竭力提倡。中正以為無論何事，皆可捐棄成見，惟北伐問題，非貫徹主張，則昔同志之犧牲，皆成為無意義之舉動，故不憚正色力爭，期達目的。」[12]四月十六日，國民黨中央委員會與國民政府舉行聯席會議，推舉蔣介石為軍事委員會主席，同時決議：關於北伐的準備計畫由蔣介石、朱培德、李濟深三委員積極籌備，軍餉由宋子文委員負責籌辦[13]。國民黨二屆二中全會通過整理黨務案後，於五月二十一日發佈對時局宣言，「接受海內外請願北伐」。蔣介石「歷來北伐主張，至此始得貫徹，其關於本黨革命成敗之前途，實非淺尠。」[14]六月四日，國民黨第二屆中央執行委員會臨時全體會議通過，迅行出師北伐及蔣介石為國民革命軍總司令案[15]。七月一日，國民政府軍事委員會主席蔣介石頒發北伐部

---

[11] 《蔣介石年譜初稿》，中國第二歷史檔案館編，北京，一九九二，頁五五四、五五五。

[12] 同上，頁五六五。

[13] 《從容共到清黨》（下），李雲漢著，臺北，一九六六，頁五一一。

[14] 《蔣介石年譜初稿》，前出，頁五八九。

隊動員令⑯。

蘇共中央政治局北伐從緩的決議與指示，對國民黨和蔣介石來說，未能發生任何約束作用。在蘇俄在中國推行民族革命運動的過程中，這是第一次，莫斯科未能左右中國的軍事、政治發展。面對此一事實，八月五日，蘇共中央政治局只有決議：「建議中國委員會對『所謂北伐』進行調查，蒐集一切有關資料，提供政治局處理此一事件。」另外，「鮑羅廷、加倫〔Galin，即：Blücher, V. K.，南方蘇俄軍事顧問團主任〕及維廷斯基負責向政治局提出關於廣東軍事及政治情勢的詳細報告，同時要求國民黨中央執行委員會闡釋進行北伐的動機以及對於此一問題的考慮。」⑰

在俄共祕檔中，有一個文件是：「鮑羅廷同志關於北伐及其遠景」（八月九日）。這是鮑羅廷在遠東局在廣州召開的「廣東問題會議」上的發言紀錄⑱。

鮑羅廷首先指出，最初是孫中山提出北伐問題，那是一個打倒北方軍閥的純軍事行動。

---

⑮ 同上，頁五九五。

⑯ 同上，頁六〇三。

⑰ 「蘇共（布）中央政治局會議紀錄第四十五號」，莫斯科，一九二六年八月五日。

⑱ 「鮑羅廷談話備忘錄」，廣州，一九二六年八月九日。

蘇俄人來了之後，又給北伐一個革命的說法：北伐是有工農、知識分子和小商人群眾參加的革命運動的必然結果，有具體的要求和內容。至於三月二十日以後，蔣介石要進行的北伐，已經失去這個革命本質；他指揮的，不是與群眾結合的革命武裝力量，而是由政治部門控制的軍事組織。對蔣介石來說，「三月顛覆」活動是其進行北伐的基礎。鮑羅廷說，當他四月底返回廣州之後，在既成事實面前，已無力挽回局面。換句話說，他已無法在蔣面前公然反對北伐。如果這樣做，那就表示所有蘇俄人都擁汪反蔣。他在與蔣介石及其親近的多次談話中，一再強調北伐是一個不會獲得成果的行動；如果北伐成功，俄人會感到驚訝。但是俄人對於北伐極表關注，鮑羅廷個人則對蔣介石在為取得北伐勝利方面給予一切援助。鮑羅廷對他的態度解釋說，三月二十日以後，無論在一般政治問題還是在北伐問題上，都不能公開反對蔣介石。蔣介石矢志北伐，國民黨左派和共產派任何反對蔣介石的堅定立場，都將導致更為嚴重的三月二十日事件的重演。「如果我們沒有對蔣介石及其政治路線進行鬥爭，是因為我們不擁有反對他的實力。」因此，只有靜觀待變，期待蔣介石由於北伐而遭遇不可避免的政治失敗出現；北伐的結果將是蔣介石及其派系的政治末路⑲。

鮑羅廷對蔣介石當面指出北伐必敗，但在對內發言，則根據蘇俄軍事專家及中國將領的

---

⑲ 同上。

估計，北伐一定會獲得軍事勝利，打垮吳佩孚不成問題。問題是：國民革命軍佔領武昌以後的局勢發展。鮑羅廷認為有兩種可能：

㈠如果由蔣介石的軍隊佔領武昌，反蔣勢力馬上就會聯合起來，進行鬥爭；蔣介石的失敗，必不可免。「我們已經決定，在佔領武昌時，召開一個國民黨的擴大會議。我們也已經採取與汪精衛保持經常聯繫的各種措施。在我與諸多前線將領談話中所獲得的印象是，在佔領武昌時刻，汪精衛這個名字可以把所有的反蔣勢力聯合起來。」這時，武昌就像廣州一樣，逐漸把威脅左派的分子解除武裝。「這樣我們就可以在適當時機實現我們的主要目的：恢復三月二十日以前的局面，國民黨左派與共產派重掌政權。」

㈡蔣介石預見他在武昌可能遭遇到的失敗命運，從而與保定派妥協，不去武昌，帶領部分軍隊前往江西，然後趕回廣州。如果蔣介石這樣做，那就是他自己宣告北伐失敗，其結果是整個局面的根本改變。這又對反蔣勢力，特別是反對北伐、主張迎汪回粵的左派和共產派製造了有利條件⑳。

在八月九日的上述「廣東問題會議」上，陳獨秀在《嚮導》發表的「論國民政府之北伐」也是爭論的重點之一。

⑳ 同上。

中共官修黨史說：「在中山艦事件和整理黨務案後，陳獨秀和中央一部分領導人對蔣介石的野心和軍事獨裁傾向感到憂慮，又震驚於北方革命形勢的低落，並為吳佩孚對湖南採取攻勢的現象所迷惑。因此，陳獨秀在七月七日發表『論國民政府之北伐』一文，認為北伐的時機『尚未成熟』，『現在的實際問題，不是怎樣北伐，乃是怎樣防禦』。……陳獨秀對蔣介石的憂慮不是沒有道理，但他對北伐戰爭的消極態度是錯誤的。他的文章發表在廣州革命政府誓師北伐的前夕，使中國共產黨在政治上陷於很大的被動。這篇文章不僅在共產黨內受到許多人的批評，還遭到某些國民黨人的抨擊。」㉑中共今天對陳獨秀的指責，是以論帶史，未能使發表這篇在當時引起共產黨內外爭論的背景更加清楚。在蔣介石頒發北伐部隊動員令的一星期後，發表這篇具有重大政策性的文章，不是「老頭子」陳獨秀的餿主意，因為當時的中共領導人還不具有這樣當家做主的權威。

遠東局於八月九日在上述「廣東問題會議」上作出決議指出：陳獨秀的文章反映了中共中央對北伐的立場；此一立場是正確的，應予推廣。這樣中共可以準備在適當時期，用具體的口號阻止北伐軍繼續前進和遏止軍事獨裁的加強㉒。

㉑《中國共產黨歷史》(上卷)，中共中央黨史研究室著，北京，一九九一，頁一五〇～一五一。

㉒「共產國際執行委員會遠東局委員會議紀錄」，廣州，一九二六年八月九日。

八月十六日，遠東局又召開會議，除遠東局三名委員（主任維廷斯基、拉菲斯、傅金）之外，只有鮑羅廷參加。從這次會議的發言來看，這是遠東局召開的一個小型鬥爭大會，也是維廷斯基與鮑羅廷兩條路線鬥爭的高潮。面對「三人幫」的挑戰，鮑羅廷首先開火，且以陳獨秀的文章為主題，展開攻勢。

鮑羅廷說，目前「我們支持北伐，宣傳北伐，同時採取批評的態度。但是，陳獨秀的文章是說，我們不支持北伐，光是批評北伐。這是中共的立場，國民黨也是如此瞭解。由於這篇文章，本地的共產黨人使國民黨有一個我們反對北伐的印象。我認為，這樣的路線會導致國民黨與蔣介石的衝突，為了使此一衝突不致迅速出現，應該審慎從事。」鮑羅廷繼續指出，陳獨秀的文章已經在「群眾」中，特別是在黃埔軍校中引起困擾，使注意力從北伐轉移到這篇文章的內容上。在廣州，反蔣情緒高漲，但左派無意也無力領導反對派。共產黨人有意領導這個反對運動，但沒有對付蔣介石的實力。「因此我說，假如老頭子的這篇文章是宣傳性質的文字，那就是一個錯誤，因為它會促發與蔣介石的衝突。」鮑羅廷說，在廣東，大家都知道他曾面告蔣介石，從目前的政治組織情況來看，北伐不會得到成果，但是他支持北伐。鮑羅廷希望在蔣介石北伐失敗後，迎汪返粵。因為他相信汪蔣可以合作，譬如軍政分工；汪主持政務，蔣領導軍事㉓。

維廷斯基反駁說：「在陳獨秀文章中所表達的中共中央的路線，是與我們經過長時間的交談之後而寫的，政治上完全正確，它反映了黨對北伐唯一正確的立場。非常困難的是，這個正確的政治路線如何在策略上運用的問題。」拉菲斯強調，陳獨秀的文章，使黨的注意力轉移到內部反革命的危險；他不了解，為什麼反對反革命就一定是反對蔣介石的鬥爭：「我們反對反革命，是要使蔣介石脫離他周圍的人。」鮑羅廷不同意拉菲斯的看法，鮑說，談到反革命或捍衛革命時，「反革命」這個概念對廣東的軍人和群眾來說，毫無疑問地也包括了蔣介石；對群眾說話要簡單、明瞭：反對還是支持北伐㉔。

鮑羅廷說，如果展開對反革命的鬥爭，那「我們就要勇於負責地說：它將導致我們與蔣介石的公開衝突。這樣的公開衝突，在目前來說，會引起我們有失去廣東的危險。」鮑羅廷認為，如果蔣介石在最近的將來不會左轉，則對蔣的鬥爭勢不可免。但在目前時機尚未成熟。目前有兩條路擺在面前：㈠靜觀待變，等待一個有利的時機。㈡蔣介石如不左轉，則提早展開對蔣鬥爭。但是，「共產黨人必須知道，蔣介石目前在前線戰鬥，做出了鉅大的革命工作。

㉓「（共產國際執行委員會遠東局調查委員）關於兩黨聯席會議、北伐及國民黨左派的會議紀錄」，廣州，一九二六年八月十六日。密。

㉔同上。

對我們來說，支持蔣介石不是問題。中共黨人應該完全閉口不談北伐。」最後鮑羅廷提出要求：遠東局用書面形式——嚴格指示或是函件——明白寫出遠東局對討論問題的意見，交給鮑羅廷。鮑羅廷說，如果是用函件形式，他願保證在他的政治立場允許的情形下按照來函行事㉕。遠東局沒有給鮑羅廷任何書面答覆。九月二十二日，遠東局卻書面要求莫斯科撤換鮑羅廷，已如上述。

㉕ 同上。

第六章 莫斯科：路線不變

中山艦事件的發生，蔣介石不按理出牌，攪亂了莫斯科的中國政策。國共關係、中共任務，都必須重新調整或確認，藉以應付新局面。陳延年說，在中山艦事件到國民黨二屆二中全會（五月十五日~二十二日）整理黨務案的這段時間，「中共黨員像狗一樣為國民黨服務。」❶二中全會之後，一方面有蔣介石的限共措施，另一方面莫斯科又要求中共自我收斂，日子更是難過。中共黨員意志消沉，乃至要求退出國民黨，另起爐灶，獨立發展。維廷斯基也念念不忘黨外合作。對莫斯科來說，這是一個危險信號。國共是否分家，又成為莫斯科駐華代表之間的爭論問題。

---

❶「（共產國際執行委員會遠東局調查委員）與中共同志關於共產黨人對國民黨關係的協商會議紀錄」，廣州，一九二六年八月十二日。

一、國共分家？

國民黨二中全會開會前，四月二十三日，維爾德（Vilde, G. N.，一九二四～一九二七年駐上海副領事）打電報給維廷斯基說，他有情報得知國民黨右派已與左派，尤其是蔣介石進行妥協，有聯合的企圖。孫科已在蔣介石的同意之下來到上海。維爾德要維廷斯基馬上前來上海，因為中共的態度不夠堅定，同時「我們對國民黨的影響開始動搖。目前一個反對共產黨人和蘇俄的憤怒的行動正在展開。一種適當的抵抗是必要的。」維爾德認為，五月十五日即將召開的會議，將是對中共的嚴重打擊❷。

四月二十四日，穆欣（參見頁一〇四）在有關中共的提綱中認為，目前中共的主要任務是，聯合並鞏固廣東政府和國民黨中央政治委員會的左派核心。汪精衛復歸視事，汪蔣合作；排汪或倒蔣，都會有嚴重後果。蔣介石雖然有主觀上的弱點，也可能製造新的危機，但客觀上他仍是在革命運動方面值得重視的人物。國共兩黨的任何衝突，必將使革命運動削弱或分

❷ 「維爾德關於即將召開的國民黨中央委員會會議以及反對共產黨人與蘇俄的運動給維廷斯基的電報」，一九二六年四月二十三日。極密。

裂，以至使民族革命運動無論在廣東內外都無法實現。穆欣說，國共關係也反映了一個階級關係的問題；一方面代表無產階級和部分農民，另一方面是小資產階級的知識分子、手工業者、中小商人。如果中國的無產階級想要領導民族革命運動，中共就一刻也不能忘記，只有在農民和廣大的城市中小資產階級的支持下，民族革命運動才能取得勝利。因此，在革命勝利之後，取得政權的政黨不是中共，而是國民黨。在決定對國民黨的態度時，應該考慮到這一點。穆欣強調：中共黨員絕對不能退出國民黨❸。

同一天，四月二十四日，維廷斯基寫信給陳獨秀，討論國民軍失敗後的北方情勢，以及中共在工人、農民和軍中方面的工作。至於國共關係，維廷斯基主張國共分家，建立黨外合作，必須結束這種兩黨在組織上混在一起的聯合❹。同時，維廷斯基也完全同意齊契林在四月二十四日寫給政治局委員的信中所表達的看法：國民黨右派與一部分左派已經形成一種危險的情勢❺。

❸「穆欣關於中國共產黨在廣州的任務的提綱」，廣州，一九二六年四月二十四日。極密。

❹「維廷斯基關於三月事件後黨的活動給陳獨秀的信」，一九二六年四月二十四日。(原件英文)。

❺「維廷斯基關於國民黨情勢給齊契林的信（副本抄送史大林）」，一九二六年四月二十六日。極密，親啟。

中共部分黨員不滿現狀，有意退出國民黨，這是「地下活動」，還不敢明目張膽的提上議事日程。現在，共產國際的維廷斯基公然主張國共分家，建立黨外聯盟，結束這種兩黨在組織上混在一起的統一戰線，事態嚴重，蘇共中央就不能熟視無睹了。

四月二十九日，蘇共中央政治局會議決議：「國共分裂問題，具有頭等政治意義。這種分裂是絕對不能允許的，必須執行中共留在國民黨內的路線。因此，在共產國際召開正式大會之前，任何在組織關係方面的改變，絕不允許；這對國共兩黨都是危險的。」❻對右派的態度是，由他們自己離開或是開除。對左派用調整人事，實行讓步，以期維持目前的組織關係。同時決議：建議國民黨派一至兩名代表常駐莫斯科❼。在國民黨二中全會召開之際，五月二十日，蘇共中央政治局決議加強對中共在人事及經費方面的支持，同時再度強調：中共黨員在國民黨內工作，並以加深孤立右派為主❽。

國民黨二中全會之後，維廷斯基來到中國。六月二十一日，他從上海寫給加拉罕一封信，不敢再談國共分家，但是繼續砲轟鮑羅廷。維廷斯基認為，對蔣介石不能止於說服和警告；

❻「蘇共（布）中央政治局會議紀錄第二十二號」，莫斯科，一九二六年四月二十九日。

❼同上。

❽「蘇共（布）中央政治局會議紀錄第二十七號」，莫斯科，一九二六年五月二十日。

應該告訴蔣介石，共產黨人依靠群眾，也可以呼籲群眾。因此，加強捍衛工農、小資產階級利益的鬥爭問題也就至為重要。這才是共產黨人對國民黨問題的解決之道。從此一立場出發，維廷斯基批評鮑羅廷說，目前鮑羅廷的所做所為，未能觸及問題的核心，因為鮑羅廷認為蔣介石是廣東的實力人物，任何對蔣的反抗都是危險的。維廷斯基說，這就使蔣介石錯誤地相信，不論他如何對付共產黨人，他都會得到毫無保留地支持。鮑羅廷的策略使蔣介石的反共胃口，越來越大[9]。兩星期後，七月六日，維廷斯基又寫信給加拉罕說，中共中央認為，對於國共關係問題的解決，不在黨務整理案的限共措施，而是如何使國民黨左派重新活躍起來，如何擴大小資產階級群眾的基層組織，並加強中共對群眾的影響。維廷斯基指出，這種擴大國民黨和加強中共在國民黨外群眾工作的策略，有會使某些同志藉口退出國民黨的危險。因此，維廷斯基根據蘇共中央的四月決議認為，中共中央要在一次會議上通過一個毫不含糊地決議指出：共產黨人留在國民黨內是必要的[10]。

---

[9]「維廷斯基給加拉罕的信」，上海，一九二六年六月二十一日。

[10]「維廷斯基給加拉罕的信」，上海，一九二六年七月六日。

二、中共中央七月擴大會議

在「大革命的發展正處在一個重要的轉折時刻」[11]，中共於一九二六年七月十二日至十八日，在上海召開第四屆中央委員會第三次擴大會議。

會議肯定：「現時中國的革命，毫無疑問的是一個資產階級的民族民主革命」，因此要「極力鞏固各階級的聯合戰線」[12]。談到中共自己，中央政治報告指出：「但我們的力量和實際行動，還在小團體與群眾的黨之過渡期間，要跑到領導革命的地位，還須更大的努力。」[13]基於此一認識，會議認為：「國民黨的發展及我們參加國民黨的指導，是中國革命勝利的前提之一。」[14]

對於退出國民黨的要求，會議決議：「如果有些同志認為共產黨與國民黨完全脫離組織

---

[11]《中國共產黨歷史》（上卷），中共中央黨史研究室著，北京，一九九一，頁一五一。

[12]「中央政治報告」，見：《中共中央文件選集（一九二六）》，第二冊，中央檔案館編，北京，一九八九，頁一六八、一六九。

[13]同上，頁一七一。

[14]「中國共產黨與國民黨關係問題議決案」，同上，頁一七五。

上的關係，現在就要消滅這一各階級聯盟的政黨，以為共產黨已經就能獨自領著無產階級，使其他被壓迫民眾跟著他，來完成資產階級的民權革命；那麼，這種觀點是完全不對的，完全看錯了中國民族解放革命的遠景。主張現在就與國民黨脫離組織關係而僅僅和他合作的理由，其實和國民黨右派及新右派（中派）要求共產派退出國民黨的理由是一樣的。這種傾向是表現最近一年來日益形成的資產階級，要奪取國民運動的指導。」⑮中共黨員在國民黨內的策略是：「擴大左派與左派密切的聯合，和他們共同的應付中派，而公開的反攻右派。」⑯

中共的七月擴大會議是，在一個關鍵時刻再度肯定蘇共中央對中國革命的基本路線：中國革命是資產階級的民族民主革命。中共不成氣候，不能領導、只能「參加」這個「民權革命」，其任務是鞏固這個包括各階級的聯合戰線；中共黨員必須留在國民黨內工作，且不能包辦國民黨。

但是，中共官修黨史說：會議「進而提出無產階級要同資產階級爭奪領導權的任務，這是一個進步。」⑰但是由於存在種種問題，「會議提出的爭取無產階級領導權的任務不可能

⑮ 同上，頁一七六。

⑯ 同上，頁一七六。

⑰ 《中共黨史大事年表》，中共中央黨史研究室，北京，一九八七，頁四十六。

實現」，也「沒有認識到黨應當力爭直接掌握軍隊。」⑱

根據上述的莫斯科路線，中共只能「參加」這個「資產階級的民族民主革命」，談不上爭取領導權，更談不上直接掌握軍隊。中共今天的指責，是拒絕承認跑龍套的「參加」角色，從而曲解中共七月擴大會議的文件，製造一個「歷史的誤會」。

根據俄共祕檔，中共中央七月擴大會議是一個由維廷斯基領導的上海共產國際遠東局一手導演的重要會議。

遠東局在給莫斯科的工作報告中指出：「我們遠東局扮演了一個舉足輕重的角色。（我們）在會議工作過程中，與中共中央取得共識，並對中共中央在統一意見方面給予影響。」⑲下面的三個因素也發生了作用：㈠收到中共北方區委的「左傾」報告，要求退出國民黨。㈡蔣介石在國民黨二屆中央執行委員會（臨時全體會議）被推舉為國民黨中央常務委員會主席之後（七月六日），個人獨裁傾向日見增強。㈢支持蔣介石的必要性是以革命的群眾為依據⑳。報告說，有關廣東的決議，原則上是以上海共產國際遠東局於七月一日發給其

---

⑱《中國共產黨歷史》，前出，頁一五二。

⑲「共產國際執行委員會遠東局關於遠東局參與決定中國政治問題給共產國際執行委員會遠東部的報告——遠東局的工作報告：一九二六年六月十八日至七月十八日」，上海，一九二六年七月十六日。

斯科的電報為基礎，並且在有遠東局成員參加的小組會議上，詳細討論之後定稿的[21]。

中共中央七月擴大會議之後，七月二十三日，莫斯科共產國際遠東部決議指示中共中央：在對國民黨的工作方面，澈底執行七月擴大會議的決議，至為重要[22]。

九月十二日，上海遠東局在給莫斯科的報告中，總結地指出：在三月二十日至五月十五日之後，共產黨人對蔣介石採取退卻路線，以免引起共產黨人與蔣介石的內戰，從而逼蔣向右和加深失去廣東革命基地的危險[23]。九月十六日，調查小組俄共成員與中共代表舉行聯席會議決議：不給蔣介石任何藉口鬥爭左派或脫離前線，並對蔣介石表示，共產派願與蔣介石認真合作[24]。

---

[20] 同上。

[21] 同上。

[22] 「共產國際執行委員會遠東部會議紀錄第九號」，莫斯科，一九二六年七月二十三日。

[23] 「共產國際執行委員會遠東局成員維廷斯基、拉菲斯、傅金給共產國際執行委員會遠東部關於調查廣東政局及黨的情況的報告」，一九二六年九月十二日。極密。

[24] 「共產國際執行委員會遠東小組俄共與中共成員以及中共中央代表聯席會議關於對國民黨策略的決議」，一九二六年九月十六日。

中山艦事件後，汪精衛臨陣逃脫，左派群龍無首，不成氣候。中共反擊無力，採取退卻路線，如陳延年所說，「像狗一樣為國民黨服務」。鮑羅廷也失去往日權威，力不從心。在廣東，蔣介石是有槍桿子的強人。

蘇共中央政治局從宏觀角度反對北伐，但無力阻止蔣介石「矢志」出師。莫斯科為了鞏固國共統一戰線，不失去廣東的革命基地，繼續推行反帝、反軍閥的民族革命運動，只有支持在蔣介石指揮下的北伐戰爭，只有與蔣介石保持「合作」，不給蔣介石任何可以發動反擊的藉口，以免危及統一戰線。中共也只有「與俄人沆瀣一氣」，聽命從事。

根據莫斯科的基本路線，維廷斯基與鮑羅廷在鞏固廣東革命基地方面，意見一致。但在對蔣介石的策略方面，則意見不同。以維廷斯基為首的上海共產國際遠東局，口是心非，並不支持北伐，害怕北伐會加強軍事獨裁傾向；授意陳獨秀發表「論國民政府之北伐」一文，意在逼蔣左轉。另一方面，維廷斯基念念不忘黨外合作，發展群眾工作。鮑羅廷要恢復三月二十日以前的局面，左派與共產派重掌政權。但在佔領武漢以前，主張迎汪返粵，汪蔣合作，其結果是在策略上要支持蔣介石。從此後的發展來看，這個「鮑羅廷路線」發生了主導作用。遠東局在廣州進行調查期間召開會議的紀錄及其調查結果報告，提供了有關兩條路線鬥爭的具體訊息。

第七章　遠東局的調查報告

中共中央七月擴大會議以後，根據莫斯科的指示，中共黨員繼續留在國民黨內，已成定案，不再討論。但是，如何對付蔣介石，如何落實「逼蔣左轉」的策略，又成為共產國際代表與中共之間的爭論問題。

一九二六年九月十二日，上海共產國際遠東局在給莫斯科共產國際遠東部關於廣東局勢及國共兩黨關係的報告中指出：中共中央七月擴大會議對於廣東問題沒有做出總結性的決議。因此，遠東局及中共中央都認為派人前往廣州就地進行調查，有其必要。於是遠東局指派三名委員（維廷斯基、拉菲斯、傅金）負責進行調查工作，其具體任務共有六項：㈠「三月二十日」的主要原因及其引起政權更迭的後果。㈡北伐後的廣東情勢。㈢「三月二十日」後的國共關係（主要討論國民黨二中全會通過的整理黨務案中有關「組織國民黨與共產黨之聯席會議」問題）。此外是瞭解：㈣農民運動、㈤香港罷工及㈥中共、共青團組織及工會等問題。遠東局三名委員在廣州停留的時間是：一九二六年八月六日至九月二日❶。

一、廣州調查

遠東局三名委員在抵達廣州之後的第三天，且在進行調查之前，八月九日，首先召開一個內部會議，在通過的關於廣東問題決議中有一點是：指示廣東區委，在最近的將來恢復國民黨左派與共產派的聯盟、重掌政權的想法，是一種幻想。因此，共產黨人及國民黨左派的任務，不是設法奪取廣東政權及國民黨的領導機構，而是在獨立自主的政策和在提出工、農、知識分子、商人、手工業者群眾要求的基礎上，在基層展開廣泛地工作。從組織的觀點來看，國民黨左派還不是一個整體的、有紀律的團體，與共產派不同。但也絕不能因為它的模糊不清的性質就認為根本沒有左派。中共黨人必須澈底放棄在國民黨內操縱、指揮的企圖，要從基層做起，扶助左派，爭取上述各種社會勢力與左派聯合起來，逐漸改變左派領導由知識分子把持的現象❷。

❶「共產國際執行委員會遠東局成員維廷斯基、拉菲斯、傅金給共產國際執行委員會遠東部關於調查廣東政局及黨的情況的報告」，一九二六年九月十二日。極密。

這個決議是遠東局三人調查小組的下馬威，首先表明遠東局對「廣東問題」的基本立場；對廣東區委的指示，是項莊舞劍，意在鮑羅廷。

八月十二日，遠東局在廣州召開一個有中共廣東區委人員參加的會議，這是一個「聽證會」，陳延年參加，並發表長篇談話。

遠東局首先指出，中共廣東區委的路線不是正確的，特別是無意與國民黨左派合作，甚至要求左派接受共產派的指揮❸。陳延年反駁說：「在三月二十日到五月十五日這段時間，共產黨人是為國民黨服務的狗，是一段最難過的日子。當時，左派說，共產黨人已經被蔣介石壓服了，不敢反蔣。但是，左派也是束手無策。五月十五日，左派徵求我們的意見。我們的黨員認為，國民黨左派會在會議上反對蔣介石的提案，但他們卻投票贊成！」陳延年繼續指出，一部分左派主張要到群眾中去，另一部分則為蔣介石服務。以前是左派與共產派聯合，現在是左派與中派沆瀣一氣。三月二十日以後的左派已逐漸衰變❹。

---

❷「(共產國際執行委員會遠東局調查委員) 關於廣東各項事件的會議紀錄」，廣州，一九二六年八月九日。

❸「(共產國際執行委員會遠東局調查委員) 與中共同志關於共產黨人對國民黨關係的會議紀錄」，廣州，一九二六年八月十二日。

中共中央七月擴大會議決議：對國民黨的策略是，聯合左派，控制中派（逼蔣左轉），鬥爭右派。這個決議只劃出一個大框框，至於如何落實，沒有明確指示。因此，陳延年在發言結束前提出「一個還沒有解決的基本問題」：對於國民黨，中共應該採取何種政策？陳延年警告說，在對中派應該維持何種關係一點上，中共不能存有幻想❺。

對於陳延年提出的「基本問題」，遠東局三人小組沒有給予答覆。但在八月十五日，遠東局召開了一個內部會議，一致認為：只有在撤換鮑羅廷和中共廣東區委領導人之後，才能建立對國民黨的正確關係❻。

八月十六日，遠東局三人小組與鮑羅廷討論北伐問題（參閱頁一二八～一三〇）。對於蔣介石，鮑羅廷堅決反對與蔣介石的任何公開衝突。理由是，這樣會引起反彈，中共招架無力，會有失去廣東革命基地的危險❼。

---

❹ 同上。

❺ 同上。

❻ 「（共產國際執行委員會遠東局調查委員）關於國共兩黨聯席會議的會議紀錄」，廣州，一九二六年八月十五日。

❼ 「（共產國際執行委員會遠東局調查委員）關於兩黨聯席會議、北伐及國民黨左派的會議紀錄」，

八月十七日，維廷斯基與國民黨的「左派」人物徐謙（文件中的代名是「學者」）單獨晤談。徐謙說，在目前看來，拿下武昌不成問題。佔領武昌以後要召開一個國民黨的擴大會議，藉以確保左派的勝利和迎汪復職，重掌政權。徐謙認為，蔣介石只能向右，不會左轉；蔣有意奪取整個權力，控制國民黨。如果蔣在前線獲勝，更將加強他的權力慾望。徐謙不相信汪蔣倆人會攜手合作，但也不是完全不可能；汪有群眾支持，蔣還不敢公然反汪。目前，對國民黨來說，鬥爭的基本路線應該是，爭取內部民主，反對一小撮人的獨裁傾向。至於國共關係，應該尋求一個更好的組織形式；兩個政黨在一個黨內共存，無此先例。徐謙進而指出，最大的弊端是，國民黨近來已經差不多布爾什維克化了，而且變得太快。國民黨的聲明、報紙，都是紅上加紅。國民黨左派有時比共產黨人還左，汪精衛就是一個例子，他從馬克思主義立場來解釋一切。國民黨依靠所有階級，不能採取階級立場❽。

兩星期後，徐謙二度訪晤維廷斯基，並明白表示：國民黨左派認為，沒有左派與共產派的合作，勢將一無所成。汪精衛返粵，尤其必要。徐謙指出，共產黨人在國民黨內要實現兩

廣州，一九二六年八月十六日。密。

❽ 「史凱（Sergej，即維廷斯基）與「學者」（徐謙）關於國民黨的情況、蔣介石和汪精衛的談話備註」，廣州，一九二六年八月十七日。

個目的：一是使國民黨布爾什維克化，「也就是使國民黨成為一個工農政黨。總的說來，這也不是件壞事。」一是要壟斷國民黨，也就是在組織上控制整個國民黨的領導。對此，徐謙不以為然，認為中共應該擴大對群眾的影響，放棄控制國民黨的機構。徐謙強調：共產黨人與左派結成聯盟是必要的，但對外不必公開。維廷斯基問：誰是左派？徐謙說：領導人是汪精衛，其次是甘乃光、廖仲愷夫人（何香凝）、顧孟餘❾。

八月十九日，遠東局召開一個有中共代表團參加的聯席會議。在國共兩黨關係問題上，瞿秋白認為對中派的鬥爭，勢不可免。維廷斯基強調，策劃中的兩黨聯席會議是一個陽謀；為了爭取時間，以期能在群眾中加強共產黨的影響。維廷斯基繼續指出，中共一心倒蔣，會有危險後果，會使中派與右派聯合起來，並在馮玉祥和孫傳芳的支持下，進行有力的反擊，最後導致國民黨的四分五裂。瞿秋白在與其他中共代表商談之後表示，中共並未把與中派的鬥爭視為主要企圖，也不想從國民黨中開除他們。「我們要解決蔣介石和他的獨裁。」❿

---

❾「維廷斯基與徐謙關於共產黨人對國民黨的政策及建立國民黨左派與共產派聯盟的談話備忘錄」，廣州，一九二六年八月三十一日。

❿「（共產國際執行委員會遠東局調查委員）與中共中央代表團關於全國形勢及對國民黨政策的聯席會議紀錄」，廣州，一九二六年八月十九日。

八月二十日，遠東局召開會議，討論國共兩黨聯席會議及對蔣問題，有鮑羅廷、瞿秋白、張太雷等人參加。鮑羅廷（文件中的代名是「英國人」）首先指出，召開國共兩黨聯席會議的構想，是緣自在三月二十日至五月十五日之間國民黨對共產黨人的控訴和譴責，用聯席會議來調解兩黨糾紛。中共同意是為了避免更多的讓步。但在五月十五日之後，是蔣介石首先發難，表示無法想像在國民革命軍和黃埔軍校內有兩個政黨在一個黨內工作。蔣的強硬要求是：共產黨員退出國民黨的軍隊和軍校，否則蔣就不接受國民革命軍總司令的任命。鮑羅廷說，在共產黨人退出軍校之後，蔣介石，還有中派，就不再要求召開兩黨聯席會議。左派也未提出異議，但他們希望汪精衛返粵復職。鮑羅廷認為，聯席會議不能解決這個「迎汪」問題；左派要共產黨人火中取栗，成為反蔣先鋒。因此，鮑羅廷反對召開國共兩黨聯席會議，但主張與左派達成一項協議：如何召開一次國民黨臨時代表大會及如何建立一個左派領導。維廷斯基認為兩黨聯席會議是重要的，但「在會議上，我們要靈活運用，既不偏左，也不偏中。」瞿秋白（文件中的代名是「文學家」）表示召開聯席會議就是要與左派討論如何對蔣介石進行鬥爭的問題。鮑羅廷反駁說，與左派取得協議，並非表示對中派宣戰，更非在目前進行倒蔣。會議結束時，維廷斯基指出，兩黨聯席會議是一個對付中派的策略手段，問題的核心仍是對蔣介石的關係。對左派來說，推翻黨內的軍事獨裁是首要問題。維廷斯基說，在倒蔣問題上，他與鮑羅廷都無法與左派取得共識⓫。

八月二十二日，遠東局與中共代表團召開聯席會議。在討論對國民黨的策略之前，鮑羅廷首先提問：中共在政治上的自主問題是否已經解決？維廷斯基說，中共已經逐漸達到組織上的自主，但是政治上的自主（宣傳、批評的自由等）很難實現。問題是：如何從組織上脫離國民黨來實現政治上的自主。維廷斯基接著說，這並不是說退出國民黨，「或許我們留下一小撮黨員在國民黨內，逐漸轉入國共黨外聯盟的形式。」⓬

關於國民黨，鮑羅廷指出，國民黨對土地問題不感興趣，更害怕群眾運動。在左派領導人中，戴季陶反對群眾運動。胡漢民與戴季陶不同，不談理論，但在實際上使用一切手段反對群眾運動。汪精衛是一個真正的左派，完全支持群眾運動，但他並不了解工農運動對民族革命運動有利，而且是不可避免的一種群眾運動。鮑羅廷說，在廖仲愷逝世後，「我們」未能指出胡漢民與戴季陶這一夥人不會成為中國左派的組織部分，也沒有積極地協助真正的左

⓫「（共產國際執行委員會遠東局調查委員）與文學家（瞿秋白）、阿莫索夫「特別委員會」關於對國民黨策略的會議紀錄」，廣州，一九二六年八月二十日。

⓬「『特別委員會』委員與中共中央代表團（及共產國際執行委員會遠東局調查委員）關於對國民黨的策略及與左派協議的條件的聯席會議速記紀錄」，廣州，一九二六年八月二十二日。

派掌握權力，並使他們對戴季陶和胡漢民進行無情的鬥爭。對戴季陶、中派和右派進行鬥爭的，是共產黨人。現在有人批評說，中共把持國民黨，沒有給左派發展的機會。鮑羅廷說，沒有中共的「把持」，就不會有以汪精衛為首的左派。現在，「我們不能坐視左派的失敗，要全力協助他們恢復往日的影響。」但這不是盲目的支持，首先要左派澄清幾個問題：是否承認共產黨的獨立存在？是否承認中共在群眾中有自主的宣傳鼓動自由？是否承認工農有維護自己權益、組織運動的自由？維廷斯基補充說：「我們必須要求左派事前承認無產階級和農民是民族革命運動的主要動力。」他指出，過去在廣州掌權的是小資產階級，維廷斯基不相信，這些小資產階級的代表人物在共產黨人的支持下能夠重掌政權。換言之，中共黨人與這些左派的聯盟不會在全國範疇內爭得權力⑬。

八月二十六日會議討論的主題是，召開國共兩黨聯席會議。瞿秋白首先提出「特別委員會」對召開兩黨聯席會議的決議草案：「由於左派目前要求汪精衛返粵，此舉可能提早挑起與當前政權的衝突，因此暫緩召開兩黨聯席會議，儘管此一會議的召開對左派目前的計畫有所幫助。」這個決議草案會議一致通過。同時決定由中共中央同志向國民黨中央轉達此一決議，並解釋緩辦的原因是，中共認為目前應該集中全力防衛廣東，避免內部糾紛。會議又通

⑬ 同上。

過「特別委員會」的建議：為了避免情勢激化及防止左派要求汪精衛馬上復職計畫的實現起見，暫時不與左派討論有關召開國民黨臨時代表大會的問題，對於左派在國民黨及政府內有必要爭取領導權一點，與會人士，特別是維廷斯基與鮑羅廷，未能達成共識⓮。

九月二日，遠東局三名調查委員完成廣州的調查工作，返回上海。

從上述遠東局三人小組在廣州召開的各種會議紀錄及談話備忘錄中，可以歸納出來下列四點：

㈠國民黨「左派」主張與共產派保持聯盟關係。認為蔣介石不會左轉，他的野心是奪取權力，實現獨裁。因此主張汪精衛返粵復職，藉以削弱蔣介石的獨裁傾向。

㈡中共對國民黨中派不存有任何幻想；堅決倒蔣，「解決蔣介石和他的獨裁」。對國民黨左派也不太信任，反對馬上迎汪復職。表面上的理由是，此舉可能提前挑起與蔣介石的衝突；避免糾紛，保衛廣東。遠東局指責中共無意與左派合作，所謂左派與共產派的聯盟，實際上就是中共透過左派奪取國民黨的領導權，要左派接受中共的指揮。

㈢遠東局反對倒蔣，同意汪蔣合作，但是認為左派與共產派聯盟，恢復三月二十日以前

⓮「『特別委員會』與中共代表團（及共產國際執行委員會遠東局調查委員）關於對國民黨的策略的會議紀錄」，廣州，一九二六年八月二十六日。

的局面的想法是一種幻想。因此主張從獨立自主的政策出發，且在提出工農、知識分子、商人及手工業者要求的基礎上發展群眾工作；無產階級和農民是國民革命的主要動力。中共要以群眾組織來改變國民黨這個由知識分子控制的上層結構。維廷斯基仍未放棄黨外合作的構想。

㈣鮑羅廷反對倒蔣，必須避免與蔣介石的任何衝突，以免失去廣東革命基地。主張汪蔣合作，其最終目的是，恢復三月二十日以前的局面，左派與共產派重掌政權。

二、調查報告

九月十二日，上海共產國際遠東局三名委員（維廷斯基、拉菲斯、傅金）聯名向莫斯科共產國際遠東部提出有關廣東局勢及國共兩黨關係的調查結果報告⑮。報告用了七十多頁的篇幅總結上述六項任務（見頁一四一）的調查及瞭解經過之後，提出「結論」如下：

㈠三月二十日蔣介石的「顛覆」活動及其進一步對左派及共產黨人的攻擊，逼使以汪精

---

⑮見❶。

衛為首的左派及共產黨人離開了國民黨及國民政府的領導。以蔣介石為首的浙江系統的中派之所以能夠奪取政權，不是某些領導圈子的偶然結合或是某些團體或個人犯有無關重要的錯誤或言行失體所致，而是社會衝突激化在政治上的表現，特別是農民問題。北方革命勢力的失敗也促使中派在廣東進行了反革命行動。國民黨左派及共產黨人在政策上未能考慮到情勢的全盤變化，因此他們所犯有的嚴重地政治錯誤，就加速並使蔣介石能夠輕而易舉地進行「顛覆」活動，同時也擴大了左派與中派的分化。在軍事方面的工作錯誤也使蔣介石認為有人準備澈底倒蔣，這是引起蔣介石終於進行「顛覆」活動的近因。

(二)關於三月二十日事件政治意義的上述看法，又從一九二六年四月至八月廣東政治情勢的分析中，得到證實。

(三)從一九二四年到一九二六年「三月二十日」，國民黨的改組以及國民政府整個政策的轉變未能深入和鞏固。「三月二十日」攻擊的成果，暴露了廣東國民黨革命結構的全盤弱點和所有矛盾。「在廣東，國民黨本身還不是一個革命的、政治的群眾組織，而是一個上層結構；這個上層結構又因為不同宗派的內鬥而四分五裂，同時也遭受來自各種軍事派系的壓力而不能自立。」

(四)「廣東同志的錯誤影響了國民黨左派的整個政策，也明顯地導致了『三月二十日』事件的發生。這些原則上的錯誤，直到今天對我們在中國的整個政策也未失去其現實意義。」具體地說，這些錯誤是：

1.在擴大革命組織並使其在上層結構中成為真正的群眾組織工作方面的成果，微不足道。

2.在共產組織的成長及其在政治上、組織上力求自主方面採取了有意的抑制態度；對此，控制國民黨機構的企圖也發生了延緩作用，其結果是不可避免地要共產黨人打先鋒。

3.由於此一立場而產生的原則是，對國民黨左派和國民政府維持持久的、無條件的團結關係。在這種情形下，支持國民政府及其不動員群眾的政策。

4.在使城市小資產階級群眾集結在國民黨左派的領導下，以及在改變國民黨上層結構方面缺乏任何工作。

5.當左派與共產黨人只是國民黨上層結構中諸多派系中的一個組合，還不是一個有組織的群眾聯盟的時候，以及當蔣介石依靠軍隊掌握實權的時候，左派與共產黨人的活動基礎受到限制。

6.對中派採取的錯誤政策，使中派加速偏右，同時在此後對付中派的策略方面造成困難。

7.當全盤情勢迫使從過渡轉變為防禦以期削弱反革命勢力攻擊的時候，未能瞭解國民軍失敗時全國的一般政治情勢，並且繼續推行以前的攻勢政策（這也包括了國民黨二大的諸多錯誤路線）。

「廣東同志沒有認識到這些錯誤」，更重要的是：「這些過去的錯誤又透過以另一極端形態出現的新錯誤而更加惡化。換言之，用『中國國民革命是過去了』的表達方式澈底低估國民黨的作用，企圖與國民黨分裂，企圖只有在共產黨的旗幟下繼續推行和領導革命鬥爭。」

(五)廣州對香港罷工的錯誤政策，也為國民黨的經濟生活和國民政府的財政支出（支援罷工）帶來了莫大損失。廣東同志的錯誤是，未能及時結束罷工。

(六)北伐的準備，一方面助長了軍事獨裁的傾向和反革命勢力的活動，另一方面加重了財政負擔，特別是在農村方面。中共在蔣介石的壓力下，被迫採取守勢，在初期對北伐也沒有獨立的立場。

(七)在三月二十日和五月十五日的打擊之後，中共採取退卻路線是正確的，就是避免與企圖實現獨裁的蔣介石發生正面衝突。因為任何一種與蔣介石的公開衝突都會使國民黨的政策更加偏右，以及加深失去廣東革命基地的危險。

(八)中共在工作上的「成就」，是其組織本身的鞏固及其對工農群眾影響的擴大。但在工會運動方面還有弱點，這也與中共漠視國民黨左派的錯誤有關。

(九)有些國民黨左派政治人物受了反動意識形態的影響，害怕農民運動，也就是害怕階級鬥爭。雖然如此，這些人還是願意與共產黨人攜手合作。他們的條件是：要讓左派能夠扮演自主的角色，以及共產黨人要放棄在組織上控制國民黨。

(一〇)一九二六年八月，一方面反動派在廣州的進攻，另一方面，軍隊在北方的勝利、民族解放運動的新高潮，以及共產黨人及左派在社會組織方面的工作，使輿論在走上反對「三月二十日」政權的方向上發生了根本轉變。首先是七月底，廣州的工人組織發起反對蔣介石獨裁的反抗運動。最後在中共領導人陳獨秀的影響下，形成了一個有力的反對派，也就是陳獨秀所說的：「防禦廣東內部買辦土豪官僚右派響應反赤」。報告說，這篇文章（「論國民政府之北伐」）突出了中共在國民黨內工作的重大意義，並迫使國民黨內部的派系攤牌，必須表態。

(一一)社會上（還有黃埔軍校）的反蔣運動，又與要求汪精衛返粵復職的口號有密切關聯。

這個口號確實可以把所有革命組織聯合起來。蔣介石無力壓制此一運動，迎汪不僅能夠逼蔣左轉，而且還可能在某種條件下，使蔣介石與左派達成協議。另外，在軍中有唐生智的所謂「保定府派」，廣東的李濟深，態度也是反蔣。不過對國民黨來說，唐生智是外來人，李濟深同情民團打擊農民組織。他們支持迎汪返粵，是另有企圖；削弱國民黨對軍政的干涉，加強自己在軍中的地位。因為這個關係，在目前建立一個以左派為首的革命政權，時機不利。

㈢「在上述條件下，並且在全中國進行民族革命運動的利益以及在加強已經到達長江流域的國民革命軍的地位的考慮下，實現汪精衛與蔣介石的協議，也就是達成一方面是共產黨人和左派與另一方面是中派的協議，是一個值得追求的出路。這個協議是以蔣介石放棄實現軍事獨裁和放棄反動活動為基礎，也是一個建立在明確的、民主的基礎上的協議：保證農民、工人及所有民主組織的自由發展和農業改革。但是就算這個協議在某種形式下成為事實，也不能存有任何幻想，認為這樣的協議能夠解決來自中派的危險。因為中派是不得已而接受此一協議。因此，左派與共產黨人在達成這個協議時，也要在革命的領導下堅定地發展組織群眾的工作。」

㈢「在廣東省，必須由國民黨左派領導，有中派參與和共產黨人的全面支持。」在這段時期，這個革命政權的任務是，聯合在城市和鄉村的所有革命組織，包括城市的商業、手工業資產階級。

(四)由於廣東省階級鬥爭的激化，農民問題的解決已成為革命的主要任務。共產黨人的任務是，加強準備，使農業改革及時提上日程。

(五)就國民黨而言，「我們在廣東省的任務是，擴大和加強國民黨左派，在國民黨的旗幟下，聯合所有革命的民主團體。」在支持左派的工作和參與領導工作方面，共產黨人不能突出自己，不能追求在組織上的直接領導。在國民黨內，共產黨人必須把所有的革命分子（工人、農民、部分小資產階級）集結起來，使他們成為一個能夠實現農業改革的真正的革命派。這個聯盟必須有一個詳細地農業改革（方案）。這個方案要儘快在中共中央的領導下完成，並交由共產國際批准。⑯

---

⑯同上。關於「農業改革方案」，參見：「中國共產黨關於農民政綱的草案」。原註：「這個草案是一九二六年十一月四日至五日中央政治局與國際代表聯席會議擬的，準備提交國際第七次擴大會議審查和黨的第五次全國代表大會討論。」見：《中共中央文件選集（一九二六）》，（第二冊），中央檔案館編，北京，一九八九，頁四三四～四三七。

從上述上海共產國際遠東局三人小組於九月十二日提出的調查報告「結論」中，可以得到下列幾點認識：

㈠在對國民黨策略的討論中以及在如何對付蔣介石的問題上，「左派」是一個重要因素。但是，誰是「左派」？沒有具體答案。鮑羅廷指出徐謙，但不知道他是否擁有「樁腳」。瞿秋白說，「左派」有兩組人馬，「顧孟餘和另外一些人」，但又指出，顧孟餘不是「代表人物」，政治上左右搖擺，也不可靠。至於「另外一些人」，瞿秋白語焉不詳。維廷斯基問徐謙：誰是國民黨左派？徐謙的答覆是，汪精衛是領導人，其次是甘乃光、何香凝和顧孟餘。當然還有他自己。

當時，國民黨還沒有一個左派核心，也沒有一個有組織的左派派系。但是，共產國際代表從意識形態出發，抓住這個有名無實的「左派」不放，大做文章。

遠東局同意汪蔣合作，一方面是高估社會上及黃埔軍校中的反蔣情緒和軍中將領的反蔣態度，另一方面是誤斷汪精衛的政治作用，認為汪精衛返粵復職可以把所有的革命組織聯合起來，且在某種程度上達成與「左派」的協議，逼蔣左轉。不過汪蔣合作是權宜之計，中共要聯合「左派」，在革命的領導下，堅定地發展群眾工作，農業改革提上日程。

㈡調查報告的「結論」首先推翻中山艦事件發生當時中國視察團團長布勃諾夫和廣州蘇

俄首席軍事顧問斯切潘諾夫對事件發生原因的看法。遠東局三人小組認為，這主要是國民黨左派和共產黨人在政策上犯了原則性的錯誤。更嚴重的是，「廣東同志」不僅不承認這些錯誤，而且在事件之後，這些錯誤又以另一種極端的形態出現，更見惡化，因而對莫斯科在中國的整個政策仍有現實意義。因此要求撤換鮑羅廷（參閱第四章第二節）。

鮑羅廷是一九二三年八月，蘇共中央政治局根據史大林的建議任命為孫中山的「政治顧問」⑰。其正式身份是駐華「蘇維埃社會主義共和國聯盟代表」。在實際工作上，除了要與駐北京的全權代表取得協調之外，直接受莫斯科蘇共中央政治局的指揮。維廷斯基是在蘇共中央政治局領導下的共產國際遠東部一名負責中共黨務的重要幹部，就地位與任務而言，不能與鮑羅廷相提並論。維廷斯基在國共兩黨關係問題上，態度「左傾」，主張中共獨自發展群眾工作，「黨外合作」的構想也不符合莫斯科的基本路線。但是，維廷斯基是革命熱情沖昏了頭腦，打狗也不看主人。蘇共中央政治局拒絕撤換鮑羅廷的「建議」⑱，也就不足為奇了。

⑰「俄共（布）中央政治局會議紀錄第二十一號」，莫斯科，一九二三年八月二日。（一九二三年時，仍稱「俄共」）

⑱「蘇共（布）中央政治局會議紀錄第六十三號」，莫斯科，一九二六年十月二十日及二十一日。

㈢維廷斯基與鮑羅廷的兩條路線鬥爭，也直接影響了中國共產黨。中共廣東區委基本上支持鮑羅廷，上海的中共中央則與維廷斯基在反鮑立場上沆瀣一氣。

國民黨二屆二中全會（一九二四年八月）以後，中共對鮑羅廷的不滿溢於言表。陳獨秀函請共產國際警告鮑羅廷，因為他從不與中共協商，「好像中國共產黨根本就不存在。」⑲中山艦事件，尤其是國民黨二屆二中全會之後，中共中央開始在內部文件點名批判「老鮑」，不再上書共產國際，因為莫斯科沒有「善意的回應」。

中共中央不滿「老鮑的『苦力觀』」，也就是說，中共黨員在國民黨內要當「苦力」⑳；不滿老鮑「現在估量左派力量等於零」，「最重要的根本問題，是要粵區同志絕對拋棄盲從鮑否認左派之錯誤的見解」，「我們對於鮑的這種錯誤而且危險的見解若不加以痛切的糾正，其所生的惡影響將至破壞中國革命運動的進行。」㉑

---

⑲「陳獨秀給共產國際遠東部的信」，上海，一九二四年十月十日。極密。參閱：《俄共中國革命祕檔（一九二〇～一九二五）》，郭恒鈺著，臺北，一九九六，頁一二一～一二三。

⑳「中央復粵區信——關於國民黨工作問題」（一九二六年十一月）。見：《中共中央文件選集》，前出，頁四三三。

㉑「中央致粵區信——關於國民政府遷漢後應付粵局的策略」（一九二六年十二月四日）。同上，頁

避免與蔣介石發生任何衝突，鞏固廣東革命基地，維持國共統一戰線，這是遠東局調查報告的結論之一，也是莫斯科的基本路線。但在一九二六年十一月、十二月給粵區的信中，中共中央一再攻擊老鮑害怕國共發生衝突，「不可由我們直接領導民眾和李濟琛〔深〕衝突，更萬萬不可有『整個C. P.與國民黨的衝突』，是極錯誤的觀念，這是極其荒謬的企圖。」㉒

中山艦事件以後，從中共中央的文件中可以看出，中共對蔣介石的關係是敵我矛盾，勢不兩立。一如瞿秋白所說，中共「要解決蔣介石和他的獨裁」。

三、汪蔣合作

遠東局於九月十二日向莫斯科共產國際遠東部提出上述調查報告之後，於九月十六日又與中共中央代表舉行聯席會議，通過「關於中共對國民黨策略」的決議。決議原文如下：

四七二、四七三、四七四。

㉒ 同上，頁四七四～四七五。參閱：「政治報告（一九二六年十二月十三日中央特別會議）」，同上，頁五五九～五六八。

㈠關於汪精衛問題，我們黨在目前的政策必須是：勿授蔣介石以任何藉口堅決的打擊左派和退出〔北伐〕前線。

㈡因此，目前我們對蔣介石的策略必須是：在十月〔聯席〕會議上，對左派及蔣介石表示，我們願意在事實上並且也是誠摯的跟他們合作。

㈢因此，〔聯席〕會議的主要問題應該是通過一個政綱，用來動員左派，同時不使蔣介石及有意識形態〔覺悟〕的中派能夠有反對左派的機會。這個政綱要在會議之前公佈，並在此一政綱的基礎上籌備會議。

㈣針對蔣介石對共產黨人發出之聲明，由陳獨秀根據上述決議精神答覆。

㈤關於汪精衛復歸問題的具體決定，胥視國民黨〔聯席〕會議期間的政治情勢而定。

㈥至於國民黨的整個工作，我們必須一方面要組織農民，並對農民在反對劣紳、民團的鬥爭方面給予協助，另一方面在中心地區和基層，特別是鄉村，組織農會政權（在廣東的省民會議）問題上，給予支持；主要是在各縣中進行撤換那些貪污和反動官吏的鬥爭。

㈦在所有由北伐參與者收復的省份中，我們必須為民選政權，為省民會議以及為民主自由而工作。

發展解放運動的主要任務是，多方面的組織農民和工人，特別是要使農村中的運動與城市的革命中心聯繫起來。

(八)建議全國總工會，上海、漢口、廣州工會及廣東、湖南農會，根據此一決議精神，用農工名義對國民黨〔聯席〕會議發出特別聲明，提出他們的要求。這些聲明的主要內容由中共中央制定。

上面提及的組織，如果是在廣東，就由無黨派代表向〔聯席〕會議提出。㉓

根據遠東局與中共中央上述聯席會議的決議，中共中央隨即發出「中央通告第十七號」，首先指出：在「工農商學各界之中左派空氣日益高漲」，蔣介石「亦漸漸不能做政治中心。恢復左派在黨及政府之指導權實有歷史的必要。」「我們的政策是贊助左派在廣東在全國取得政治上的指導」，「便是必須汪蔣合作，使汪能主持國民黨，若反汪並同時反對堅定的

㉓「共產國際執行委員會遠東局俄、中委員及中共中央委員聯席會議關於中共對國民黨策略的決議」，一九二六年九月十六日。

關於決議的第(七)點，參閱文件：「蘇共（布）中央政治局會議紀錄第五十三號」，莫斯科，一九二六年九月十六日：「指示廣東在收復的省份中有採取加強其政治地位措施的必要。」

左派政策，不但是使北伐消失革命意義，而且可危及廣東的根據地。」為了爭取汪蔣合作的實現，通告強調：迎汪絕非倒蔣，「我們向蔣誠懇的表示，汪回後我們決無報復行為，決不推翻整理黨務案。」㉔

九月十七日，中共中央在「致粵區的信」中，詳細地討論了為什麼要促使汪蔣合作的諸多原因。信中指出，第一個辦法「迎汪倒蔣」太危險，因為：「(1)是在現時北伐的內外形勢中，一旦去蔣將使國民政府發生極壞影響；(2)是軍事上繼蔣而起之李濟琛、唐生智亦不可靠；……恐蔣去後行動比現在之蔣還右。」第二個辦法是，使蔣左轉，執行左派政策。但是，蔣介石「在前方不能自理後方事，若不去掉張靜江、葉楚傖等一般中派分子，則雖有左派政策亦不能行，因為左派政綱，就是打擊這般人的行動的。」最好的辦法是「汪蔣合作」。根據上述分析，中共中央訓令粵區注意工作，「勿授蔣以隙，被蔣藉口打擊左派，」並「極力向左派表示誠意的合作，與左派共同制定一左派政綱，……在此政綱之下表示我們仍助蔣。」㉕

㉔「中央通告第十七號——對國民黨中央擴大會議的政策」(一九二六年九月十六日)。原註：「本文原無年代，是編者根據本文內容判定的。」見：《中共中央文件選集》，前出，頁三一一～三一三。

㉕「中央致粵區的信——制定左派政綱，促成汪蔣合作」(一九二六年九月十七日)。同上，頁三一

九月二十日，遠東局與中共中央舉行聯席會議，討論國內情勢及進一步工作的遠景。在聯席會議上，陳獨秀首先報告他給蔣介石回答的內容：「你必須與汪精衛合作。主要理由有三：(1)在國民黨的領導中，剩下來的人非常之少。廖仲愷已經逝世，胡漢民也被撤換。只剩下了兩位：你與汪精衛，必須合作。(2)廣州領導需要汪精衛。張靜江的政治腐敗，因為他，你會在群眾中失去聯繫與影響，這與孫中山的遺教有違。汪精衛在廣州要按照你的意圖及你的指示行事。(3)在你與其他軍人派系之間，汪精衛可以發生緩衝作用，否則鬥爭將會惡化，使共同事業失敗。」接著陳獨秀轉述中共在下述三個條件下贊成汪精衛返粵：「(1)我們贊成汪回，但反對倒蔣。(2)汪要與你合作。(3)汪精衛不會推翻五月十五日關於共產黨人的決議。」陳獨秀勸告蔣介石，在迎汪問題上，要蔣首先表態，採取主動㉖。

在陳獨秀報告之後，維廷斯基表示，僅用汪蔣合作的形式，難以達成協議。他說：「今天的問題是，誰屈服誰。權力必須分為政治的與軍事的，在廣州和在前線；國民黨中央執行委員會主席是汪精衛，蔣介石掌有軍權和漢口的新〔軍〕校。」㉗陳獨秀補充說，在黨的領

四～三一八。

㉖「中共中央與共產國際執行委員會遠東局委員關於全國情勢及進一步工作遠景的聯席會議」，廣州，一九二六年九月二十日。

導方面，蔣介石必須讓步，否則衝突不可避免。瞿秋白也認為，軍權與黨權必須分開。但維廷斯基最後又表示懷疑，這樣把蔣介石從廣州政治領導中踢開的分權辦法，是否能與蔣介石達成共識㉘。

聯席會議兩天後，九月二十二日，中共「中央給廣東信——汪蔣問題最後的決定」中提及：「昨晚中局與吳同志〔吳廷康、維廷斯基〕會議，更具體的決定汪蔣之間、蔣唐之間權力應如何分配，才能避免他們相互間的衝突，給他們一條出路：第一，為消滅黨內外左派群眾對於現狀的不滿，為使黨的工作更能有力的進行，須將軍權和黨權分開，請汪精衛回粵將黨權交與汪精衛。」「第三，我們當引導蔣注意準備更遠大的全部革命軍事工作，維持蔣之中央軍事領袖地位。」㉙在「中央對於國民黨十月一日擴大會的意見」文件中，中共中央再度強調：「我們所以贊成汪回，就是為要救廣東這塊革命的基礎，汪除任國民政府職外，事實上須拿到廣東政府實權。」㉚

㉗ 同上。
㉘ 同上。
㉙ 「中央給廣東信——汪蔣問題最後的決定」（一九二六年九月二十二日），見：《中共中央文件選集》，前出，頁三二六。

蔣介石並不同意迎汪返粵，更談不上汪蔣合作。根據中共中央九月二十二日給廣東的信，蔣介石曾派胡公冕去上海見陳獨秀，請中共「勿贊成汪回，其措辭是：汪回後將為小軍閥所利用和他搗亂，分散了國民革命的勢力。」㉛陳獨秀的回答，已見上述。中共相信，按照汪蔣分權合作的辦法，「既適合蔣好大喜功之心，又使汪蔣及各小軍閥間的權力或者不至衝突。」㉜十月三日，中共「中央給粵區信」說：「總之，民中迎汪決定必以蔣同意或前敵戰事大勝為條件，萬萬不可魯莽從事。至要！」㉝

蔣介石立場不變，還不是無條件地完全同意。一星期後，中共中央又不得不修正其汪主黨政，蔣掌軍權的分權合作的決定。

㉚「中央對於國民黨十月一日擴大會的意見」。原註：「本文原未署作者和時間……」，同上，頁三二〇。

㉛見㉙，頁三二五。參閱：「中央局報告（九月份）——最近全國政治情形與黨的發展」（一九二六年九月二十日），同上，頁三四五～三四六。

㉜同上，頁三二六。

㉝「中央給粵區信——時局變動與我們對於汪蔣問題之新決定」（一九二六年十月三日），同上，頁三七一。

根據十月十一日的「中央政治報告」，鮑羅廷在廣州獲得蔣介石給張靜江的一封電報。蔣介石說：「北伐軍事只到江西為止，我以後專力軍事，汪可回來任黨及政府工作。但汪回必須附帶三個條件：一、汪回當由汪精衛、李石曾、張靜江組織三人合作的政府；二、汪回須聽你們的話（你們指張靜江等）；三、汪須改去以前的錯誤，不能做倒蔣運動。至於汪回時間須待北伐軍事稍為結束之時。」㉞

中共不接受張靜江，「只承認汪蔣合作的政府」。但是，「我們同時要注意，若讓蔣專任軍事，而在政府及黨的組織上沒有蔣參加，可以再發生第二次的『三月二十日』，所以又當勸蔣，軍事與黨政不能分離。」㉟中共中央認為，如果蔣介石一定堅持時，「我們也可以讓步，因為事實上只要汪回，聲勢所被，這些條件皆成廢紙，不能制汪。」㊱

十一月九日，中共中央與遠東局對於迎汪復職問題討論所得到的意見是，依然認為「汪回左派始有中心，左派政權在廣東始能建立。」所以「我們當極力設法勸汪回。蔣此時在全國迎汪高潮中，對汪亦只能有暗鬥，而不能有明爭，更不至有武裝的衝突。」㊲同一天，中

㉞「中央政治報告」（一九二六年十月十一日中局會議），同上，頁三八三。

㉟同上，頁三八四。

㊱同上。

共中央在給粵區的信中，除了重複上述看法外，特別指出：「其實所謂汪、蔣合作這只是表面的宣傳語，內部是仍有鬥爭的，而且是永久繼續的。左派要與中派合作，必須左派先握住了政治的領導權才有可能。」[38]

根據上述，避免與蔣介石的公開衝突、鞏固廣東的革命基地、維持國共統一戰線，這是莫斯科的基本路線。在這個大框框內，一九二六年九月以後，鮑羅廷與遠東局對國民黨的策略是：迎汪復職、汪蔣合作。

關於對蔣介石的讓步一點，中共今天在官修黨史中指出：一九二六年九月，陳獨秀在上海向蔣介石表示，在「三個條件」下，贊成汪精衛返粵復職，汪蔣合作。「陳獨秀的這個答覆顯然是表示對蔣介石的完全支持。」因為「當時，以陳獨秀為首的中共中央對蔣介石的作用估計過高。」「依然把蔣介石視為完成北伐大業不可代替的軍事領袖，因而只能對他遷就退讓，不敢鬥爭。」[39]

---

[37] 「對於目前時局的幾個重要問題」（一九二六年十一月九日中央局與遠東局討論所得的意見），同上，頁四四三～四四四。

[38] 「中央給粵區信——關於汪精衛復職問題及對唐生智態度等」（一九二六年十一月九日），同上，頁四四七。

至於汪精衛，官修黨史說：以「陳獨秀為首的中共中央又對汪精衛寄予更大的期望，認為只要汪精衛回國復職，國民黨左派就有了堅強的中心，可以恢復它在國民黨和國民政府的指導地位，從而削弱和抑制蔣介石的軍事獨裁傾向。事實上，當時國民黨內部並沒有形成一個有力的左派核心。……然而，共產黨自己對右派不斷遷就退讓，卻指望國民黨左派能夠強大起來，以阻止右派勢力的發展，這當然只能是幻想。」㊵總而言之，「這是中國共產黨在這個時期對國民黨政策的一大失誤。」㊶

中共今天對上述兩點的指責，不能說是無的放矢，但是張冠李戴，搞錯對象。「以陳獨秀為首的中共中央」，應該是遠東局、鮑羅廷、蘇共中央政治局。

汪精衛於一九二六年十一月二十日自巴黎啟程返國。因病滯留柏林達三個月之久。一九二七年三月八日抵莫斯科，四月一日返抵上海。汪蔣合作未能實現。四月十二日上海清黨又證明「不至有武裝衝突」的論斷，是錯上加錯了。

㊴《中國共產黨歷史》（上卷），中共中央黨史研究室著，北京，一九九一，頁一六四、一六五。

㊵同上，頁一六五。

㊶《「中國共產黨歷史（上卷）」若干問題說明》，中共中央黨史研究室一室編著，北京，一九九一，頁七十二。

第八章　誰是國民革命的領導者？

一、蔣介石：一個主義、一黨專政

中山艦事件後，蔣介石獨攬黨軍大權：國民黨中央執行委員會軍事委員會主席（四月十六日）、國民革命軍總司令（六月五日）、國民黨中央執行委員會常務委員會主席（七月六日）。但在一九二六年，中共和左派所指責的「個人獨裁」還未形成。在國民黨二屆二中全會（五月十五日至二十二日）上，限共活動的整理黨務案順利通過，共產黨人備受打擊，但那只是治標辦法，國民黨內的共產派問題，仍然未能根本解決。用蔣介石的話來說，是「殊苦棘手」（五月十二日）❶，在與鮑羅廷磋商「國民黨與共產黨協定事項」時，蔣介石指出：「大黨

❶《蔣介石年譜初稿》，中國第二歷史檔案館編，北京，一九九二，頁五八六。

允小黨在黨內活動，無異自取滅亡，能不傷心？」（五月十四日）❷「又以兩黨黨員混合革命，小黨勝於大黨為憂。並痛言革命非統制不能成功。鮑頗為感動。」（五月十六日）❸二中全會後，五月二十七日，高級訓練班（學員為共產黨之退出軍隊者）開學，蔣介石在訓話中強調：「……國民黨是代表各階級利益的黨，中國現時正切需這樣一個革命黨來領導國民革命，做共產黨員，必須承認國民黨是國民革命的唯一指揮者。」「我們更要知道，革命是非專政不行的，一定要一個主義，一個黨來專政的。」❹蔣介石在「復張繼書」（七月二十四日）中說明「護黨苦衷」：「今日吾人所以與共產黨合作者，斷定國民黨決非共產黨所能篡竊而代之也。……故本黨所尚須討論者，非與共產黨應否合作之原則，而在與共產黨如何合作之方法。」❺

❷ 同上，頁五八七。

❸ 同上，頁五八八。《民國十五年以前之蔣介石先生》，卷三，編纂毛思誠，重校秦孝儀，臺北，一九七一，頁九一五，沒有這段文字。

❹ 同上，頁五九三。《民國十五年以前之蔣介石先生》的引文中，沒有最後這句話。同上，頁九二一。

❺ 同上，頁六二四；參見頁六二七。《民國十五年以前之蔣介石先生》的引文中，沒有這段文字。

從國民黨二屆二中全會的召開，整理黨務案（特別是蔣介石單獨提出的「國共協定事項」提案）的通過，蔣介石與鮑羅廷在全會期間對國共問題的磋商，蔣介石對高級訓練班的訓話，以及在復張繼書中所表達的「護黨苦衷」，在在說明蔣介石堅定不移的反共意志，反對國共兩黨黨內合作。

蔣介石主張只有國民黨來領導國民革命，推展國民革命要奉行一個主義，實行一黨專政，以便統一指揮革命勢力。蔣介石的此一主張，是基於接受國共（黨內）合作的原則，「惟因總理策略，既在聯合各階級共同奮鬥，故余猶不願違教分裂，忍痛至今也。鮑始默然。」[6]這個冠冕堂皇的理由，是說給鮑羅廷聽的。一九二六年蔣介石決心限共，不能讓中共「篡竊而代之」，但他也決心清共，只是時機不到，不但「忍痛至今」，而且還要忍痛到一九二七年四月十二日上海清黨。換句話說，在維持國共統一戰線的大框框內——這一點，蔣介石與莫斯科的立場一致——，研究「與共產黨如何合作之法」。這與遠東局在維持國共統一戰線的基本路線下，討論如何對付蔣介石，如出一轍。

蔣介石於一九二三年訪俄的所見、所聞、所思，以及在廣州與蘇俄軍事顧問和鮑羅廷打

同上，頁九六七。

❻ 同上，頁五八七。

交道的切身體驗，使他深深瞭解，共產國際像一個幽靈在廣州遊蕩，在國民黨內「垂簾聽政」。任何限共的「合作方法」，如果沒有共產國際的默認或首肯，都將無濟於事。

二中全會的第一天，五月十五日，蔣介石單獨提出「國共協定事項」一案。當時，「全場相顧驚愕」❼。提案中第六點是：「中國共產黨及第三國際（共產國際）對於國民黨內共產分子所發一切訓令及策略，應先交聯席會議通過。」❽五月十七日通過的「整理黨務第二決議案」第七點的修正文字是：「對於加入本黨之他黨黨員，各該黨所發之一切訓令，應先交聯席會議通過。」❾蔣介石的原提案，尤其是關於共產國際，是不按理出牌，根本行不通，但它卻說明，蔣介石知道在推行國民革命和國共兩黨關係問題上，共產國際的角色與作用。因此，蔣介石在六月十二日的日記中說：「擬於此數日內，將第三國際關係問題、中國革命總計畫及出師前後之準備三者，確定大綱也。」❿換言之，在解決國共合作方法之同時，必

❼　同上，頁五八八。《民國十五年以前之蔣介石先生》中無此句。同上，頁九一四～九一五。

❽　同上，頁五八七。

❾　《中國國民黨第一、二次全國代表大會會議史料》（下），中國第二歷史檔案館編，南京，一九八六，頁七十四。《革命文獻》第十六輯中，「中國國民黨二屆二中全會有關整理黨務案之決議」部分，沒有收入「整理黨務第二決議案」，臺北，一九五七，頁總二七七八。

須處理國民黨對共產國際關係的問題。

在俄共祕檔中，有一份「國民黨及蔣介石代表邵力子」給共產國際關於中國情勢及國民黨對中共和對共產國際關係的報告（一九二六年九月二十二日）⓫。邵力子何時，且在何種情形下，代表國民黨和蔣介石前往莫斯科，無從查起。但在蔣介石一九二六年十一月二十三日的日記中，有如下的記載：「電催邵力子回國。電曰：莫斯科，邵力子同志鑒：到俄後與第三國際談話之電已接閱。近況如何？請兄速回襄助一切，中正甚苦也。中正。漾。」⓬

邵力子在報告開頭說：「我由國民黨及其領袖蔣介石同志（現任中央執行委員會中常會主席）派來莫斯科，以期獲得共產國際對於在中國國民革命過程中有關重要問題決定的指導。國民黨及蔣介石同志認為，中國的國民革命是世界革命的一部分，中國的國民革命應與世界革命的同志們維持密切關係。因此，中國的國民革命必須從屬於世界革命的領導和中心——

⓾《蔣介石年譜初稿》，前出，頁五九六。

⓫「國民黨代表邵力子給共產國際執行委員會關於中國情勢以及國民黨對中共及共產國際關係的報告」，莫斯科，一九二六年九月二十二日。

⓬《蔣介石年譜初稿》，前出，頁八一五。《民國十五年以前之蔣介石先生》沒有收入這封電報全文。前出，頁一二五八～一二六一。

共產國際。」⓭

邵力子在用很長的篇幅敘述㈠國際情勢中的中國國民革命，㈡中國的軍事情況及北伐意義，㈢農工情況之後，才進入本題：㈣「關於黨」，主要談兩個問題：國民黨本身問題及國共兩黨關係問題，兩者又以後者為主。邵力子指出，在國民黨內的工作，國共兩黨意見不同，糾紛不斷。本年三月二十日達到高潮。五月十五日國民黨二中全會通過的整理黨務案，並沒有在國民黨內限制共產黨活動的意圖，旨在防患未然。至於全會通過選舉中央執行委員會常務委員會主席一案，實有必要。使黨得以擁有一位唯一的領袖。中共同意整理黨務案。七月四日（應為七月六日）國民黨中央全體會議推選蔣介石為常務委員會主席。

邵力子接著指出，最重要的問題仍是如何改善兩黨關係，避免摩擦，尋求解決途徑。「蔣介石同志認為，革命勝利的主要條件是，要有一個統一的領導和統一的意志。中國的革命就和世界革命一樣，要有統一〔的指揮〕。世界革命的領導者是共產國際，基此，中國革命的領導者也必須是國民黨。……根據蔣介石同志的看法，中國共產黨是無產階級的政黨，他不能也不可以限制共產派的發展。但是在統一戰線中的中國共產黨必須承認國民黨是領導國民革命的政黨，必須採取避免發生摩擦與矛盾的措施，否則將會削弱國民革命統一戰線中的各

⓭ 見⓫。

種勢力。」⓮

在報告的最後部分，邵力子提出蔣介石對共產國際的三點期望：「㈠國民黨要與共產國際維持更為密切的關係，邀請共產國際一名代表為顧問參加國民黨與中國共產黨的聯席會議，並對中國革命運動的所有問題給予指導。國民黨將經常派代表來共產國際，或派常駐代表藉以維持聯繫。要求共產國際派遣更多的幹部前來中國。㈡要求制定對帝國主義不同集團及軍閥——如上所述——的策略，並要求中國共產黨接納一個統一的綱領。㈢請對下面的問題給予指導：如何統一中國的革命陣線，如何加強與鞏固國民黨，以及在領導共同鬥爭方面如何進一步地改善國民黨與中國共產黨的關係。」⓯

邵力子在提出上述報告的一個月後，十月二十三日，又交出一份補充報告⓰，共產國際遠東部政治祕書瓦西列夫(Vasilev, B. A.)列為限閱「極密」文件。閱件人是：布哈林（政治局委員）、莫洛托夫（政治局委員）、翁士利（中國委員會主席）、齊契林（外交事務人民委員會主席）、曼努爾斯基（共產國際主席團委員）、庫西寧（共產國際主席團委員）、拉狄克（孫

⓮ 同上。
⓯ 同上。
⓰ 同上。附件：補充報告，一九二六年十月二十三日。極密。

大校長）、德里斯（Trilisser, M. A.，內政事務人民委員會國際部主任）。

邵力子在補充報告說：

自從中國共產黨在國民黨內開始工作，不斷成長與發展。同時，在共同工作的過程中，在中國共產黨與國民黨黨員之間，也發生不少矛盾與摩擦。這一現象對中國革命工作的發展不無妨害。對我們來說，沒有必要在這裡討論我們已經鑄成的錯誤。但是研究和校正這些錯誤，使自己能有一個明確的概念，並非無益。

除了兩黨黨員要修正這些錯誤外，國民黨認為，共產黨人所犯的錯誤是，有一部分因為他們未能理解共產黨人加入國民黨的基本任務。由兩個政黨（國民黨及中國共產黨）在中國進行國民革命鬥爭的統一戰線形式，不是擁有相同路線關係的兩個政黨聯盟形式，而是共產黨人加入國民黨的形式。

決定此一問題的基礎是，在中國，目前需要一個國民革命。在現在的社會條件下，在目前階段只有國民革命是可能的。國民黨必須是此一革命的領導者。因此，在國民黨的領導下，集中所有民族革命勢力，藉以加強和擴展國民黨的政權是必要的。由此而產生的兩個原則性任務，在國民黨內工作的共產黨人必須認識清楚：㈠加強和擴展國民黨，是在中國取得革命勝利最重要的條件之一，也是加入國民黨的共產黨人的目標。

㈡為了使國民黨能夠成為一個真正強大的政黨，在國民黨內必須有一個真正的左派，為工農利益而進行鬥爭，藉以獲得他們的信任。因此，共產黨人在國民黨內最重要的任務是，幫助左派，鞏固左派，以期左派能有實力完成國民革命工作的領導任務。⑰

邵力子相信中國共產黨會執行上述路線，但他指出，有一部分年輕的共產黨人大唱反調。譬如在工農群眾工作方面，共產黨人對工人說：國民黨是小資產階級的政黨，大喊保衛工農利益，其實那是口是心非，將來還要壓迫工農。真正代表工人階級的，是無產階級的共產黨。邵力子說，這種做法，無法使兩黨共同進行革命鬥爭。另一方面，共產黨又全力爭取國民黨的左派青年加入共產組織，其結果是，在國民黨內幾乎沒有真正的左派。因此，「對國民黨的領導人來說，在工作上的最大困難是，在他們的領導下沒有足夠的、真正的左派群眾。」有人批評國民黨左派只支持共產派，左派則反駁說，他們被共產派包圍了。在軍中的共產組織，對軍中的領導也發生了妨害作用，並引起誤解和仇恨。邵力子說，這些錯誤，還有不承認孫中山的三民主義是革命原理的立場，可以修正，但要從上述共產黨人加入國民黨的任務

⑰ 同上。

出發[18]。最後，邵力子表示：「針對那些軍事和政治建設過程中出現的錯誤（如無可能修正的話），國民黨希望共產黨能有善意的回應，如被拒絕，則應展開公開的批判。」這一段話，邵力子在提出補充報告之後，請求刪除[19]。

十一月二十五日，邵力子又給共產國際一份報告，再度強調國民黨有意與共產國際建立密切關係，以及加強國共兩黨合作。邵力子請共產國際從鞏固左派的立場出發，對中共黨員給予適當指示[20]。

邵力子在報告中，要求共產國際在維持國共統一戰線的前提下，對於如何統一中國的革命陣線、如何加強與鞏固國民黨以及如何改善國共兩黨關係問題給予指導。但在報告中，邵力子也同時提出了明確的答案：蔣介石堅持中國的國民革命必須在統一的意志下，也就是一個主義，由國民黨來領導。國共統一戰線不是國共兩黨基於平等地位的政黨聯盟，而是共產黨人加入國民黨的形式，也就是國民黨所說的「容共」。因此，共產黨人的基本任務是，支

---

[18] 同上。

[19] 同上。附件：瓦西列夫十月二十三日致閱件人函。

[20] 「國民黨代表邵力子為加強國共合作給共產國際執行委員會的報告」，一九二六年十一月二十五日。

持由國民黨領導的國民革命，在國民黨內聯合真正的左派，完成國民革命的領導任務。

誰來領導國民革命（共產國際稱之為「民族革命運動」）？這是維持國共統一戰線的關鍵問題。蔣介石提出此一問題，不能說是為了個人獨裁，亦非無的放矢，製造題目。共產國際對於邵力子提出的報告有無表態，無從查起，也不重要。因為根據俄共祕檔，可以斷言，邵力子在以國民黨和蔣介石名義提出的兩份報告中對國共關係所表達的立場，基本上符合莫斯科的中國政策。

根據一九二〇年召開的共產國際第二次代表大會「關於民族與殖民地問題的決議」，蘇俄要：㈠在中國推行民族革命運動，因為它是反帝的，所以它是世界革命的一部分。㈡民族革命運動是一個多階級的民主資產階級革命，所以要建立一個聯合各種革命勢力的統一戰線。㈢這個統一戰線要由一個資產階級政黨——國民黨來領導，所以國民黨必須改組成為一個具有戰鬥力的「工農政黨」，建立自己的革命武裝。㈣中共要「參加」這個民族革命運動和統一戰線，因為中國的無產階級還不成氣候，還不是一個獨立的社會力量。這是蘇俄二十年代在中國推行民族革命運動的基本路線㉑。

自孫中山逝世後，特別是五卅運動以後，國共兩黨摩擦不斷升級，維廷斯基與鮑羅廷的

㉑《俄共中國革命祕檔（一九二〇～一九二五）》，郭恒鈺著，臺北，一九九六，頁一。

兩條路線鬥爭，也逐漸浮出檯面。維廷斯基在一九二五年八月及九月自中國發出的報告中，強調發展工運，突出中共作用，甚至考慮改變國共兩黨關係，轉變為「黨外聯盟」㉒。同年十月，中共中央在擴大會議通過的決議中說：「我們應當找一個與國民黨聯盟的好的方式。」㉓因為「中國共產黨是無產階級的指導者，是民族解放運動的領袖的指導者。」㉔

針對此一情勢，共產國際早在一九二五年九月底，就給中共發出指示：中共黨員在國民黨內不得發號施令，中共不得要求所有政府及軍中的領導職位必須由自己人把持。相反地，中共要使國民黨員（非共產黨員），尤其是左派分子參與民族解放運動的領導工作㉕。中共同志不得改變路線，繼續留在國民黨內工作，維持國共統一戰線㉖。但是，事實上共產黨人並未放棄爭取國民革命領導權的想法和努力，尤其是北伐以後。

㉒ 同上，頁一六五～一七〇。
㉓ 「中國現時的政局與共產黨的職任議決案」，見：《中共中央文件選集（一九二一～一九二五）》，第一冊，中央檔案館編，北京，一九八九，頁四七〇。
㉔ 同上，頁四六八。
㉕ 「共產國際執行委員會給中共中央指示草案」，莫斯科，一九二五年九月二十八日。
㉖ 「瓦西列夫給維廷斯基的信」，莫斯科，一九二五年十月二日。

蔣介石有胡漢民的前車之鑑，不再要求國民黨加入共產國際，採取迂迴路線，要與共產國際建立直接的、密切的關係，也是想要釜底抽薪，切斷中共與共產國際的直接關係。從此後的發展來看，蔣介石的限共辦法，邵力子上書共產國際的努力，以及莫斯科對中共的指示，都未能解決國共兩黨關係的關鍵問題：誰來領導革命？

二、莫斯科：授勳鮑羅廷

一九二六年七月國民革命軍從廣東出發，分三路向北推進。十月十日攻佔武昌，完全控制武漢。在三個月內，國民革命軍到達長江流域，控制了幾乎半個中國。

共產國際的駐華代表，還有中共，主張由於軍事政治情勢的重大變化，在國民革命軍收復的地區全力展開群眾工作，特別是發動農民運動，爭取中共在民族革命運動中的領導權。另一派人認為過火的工農運動有導致國共統一戰線破裂的危險，應適可而止。後者的代表人物是鮑羅廷和廣東區委，前者的死硬派是維廷斯基、達林，還有中共。

譚平山在一九二六年九月二十三日（也就是邵力子提出上述第一份報告的同時）給共產國際遠東部的報告中提及中共要爭取革命的領導權，因此提出武裝工農的問題，即在何種方式下武裝工農。譚平山說，中共認為，迄今中共是在國民黨的旗幟下推展農民工作。但現在國民黨已非左派領導，中派及右派反對群眾工作，因此中共要另起爐灶，獨力發展農民運動，但是缺少經費，請共產國際給予援助㉗。關於維廷斯基的左傾立場，上面多次提及，不再重述。現在談談共產國際駐遠東代表達林的看法。

達林（Dalin, S. A.，文件中的化名是：Danko）在一九二六年九月二十五日、十一月四日及十二月十七、十八日寄給莫斯科的信中（原件未注明收件人），詳細地討論了民族革命運動的發展及對國民黨的策略。達林首先著重指出：由於北伐的軍事發展，國共統一戰線已面臨危機。他說，所有被國民黨趕出去的右派都支持北伐。國民黨社會基礎的擴大，特別是資產階級和官僚資產階級分子，加強了國民黨與帝國主義和在某種程度上與軍閥的妥協傾向。現在的問題是，與資產階級聯合的統一戰線還能維持多久？在何種條件下，能夠而且必須維持這個統一戰線？誰是中國國民革命的領導者？目前無產階級還不具有領導國民革命的能力，但毫無疑問的是，國民革命將在兩個階段為爭取革命的領導權的鬥爭下繼續進行。汪精衛復職，也無法使左派國民黨恢復三月二十日以前的領導地位。在這種情況下，出現了兩種

㉗「譚平山關於中國局勢（給共產國際執行委員會東方部）的報告」，一九二六年九月二十三日。極密。

危險現象：㈠資產階級的搖擺轉右，以及繼續推展農民革命將導致統一戰線的破裂。㈡在維持統一戰線的名義下，無視工人階級及農民的利益。根據達林的看法，有三個因素，可能導致統一戰線的破裂：㈠小資產階級的軟弱無力。㈡部分資產階級與帝國主義妥協的意圖。㈢加強工農運動，這種運動將削弱資產階級的地位和觸及他們的生存利益。但是，達林認為在國民革命軍佔領地區，工會及農會有如雨後春筍，成長迅速。中共有鞏固工農運動成果的可能。談到這裡，達林在十二月的兩封信中，全力攻擊鮑羅廷以及某些（特別是從事工會工作的）中共同志限制工農運動的路線。達林個人認為這是後果嚴重的㉘。

十月十九日，遠東局委員與中共中央代表舉行聯席會議，討論兩個問題：農民問題及上海暴動問題。

陳獨秀首先指出，在本年七月擴大會議上討論農民問題時，意見不一。有人建議「耕地農有」的口號及在鄉村建立農民協會。中共中央拒絕了這兩點建議。至於農民運動議決案是從保障農村聯合戰線的立場出發的。關於農民問題會議決定下次開會再議㉙。根據遠東局的

㉘「共產國際執行委員會駐遠東代表達林關於對國民黨的政策及中國國民革命運動之發展的函件摘要」，一九二六年九月二十五日、十一月四日、十二月十七、十八日。

㉙「共產國際執行委員會遠東局俄、中委員與中共中央委員關於中國軍事情勢及漢口、湖北情勢的

工作報告，維廷斯基因警察監視過嚴，未能參加中共中央七月擴大會議，因此不同意這次會議關於農民問題的決議。

中共中央及區委決定，上海無產階級不參加上海暴動，只由載運夫、有軌電車人員、郵局以及發電廠職工參加罷工，藉以瓦解敵人的軍事行動。陳獨秀說，做出此一決定的主要原因是，因為工人在反日罷工失敗之後根本沒有鬥志。另外，如果進行總罷工，就算為期一天，也會招來反擊，對工人不利。這個問題也決定下次開會再議㉚。四天後，十月二十三日，中共領導上海工人進行暴動。由於缺乏準備，失敗。

北伐出師後，特別是在九、十兩月，國民黨的邵力子、中共的譚平山向共產國際提出報告，共產國際駐遠東代表一再發函莫斯科，還有遠東局與鮑羅廷的兩條路線鬥爭已經進入決鬥的階段等事實，在在說明國共統一戰線是一個必須處理的危機問題。莫斯科中央必須表態。

蘇共中央政治局於十月二十一日首先決議拒絕上海共產國際遠東局撤換鮑羅廷的建議㉛。繼於十月二十九日給北京、廣州、漢口、上海及維廷斯基發出電報指示，全文如下：

聯席會議紀錄第七號」，一九二六年十月十九日。

㉚ 同上。

㉛ 「蘇共（布）中央政治局會議紀錄第六十三及六十四號」，莫斯科，一九二六年十月二十日及二

第一、對於由廣東的勝利而引起的情勢，不得存有左傾幻想。同樣也不能因為國民黨內產生的困擾而驚惶失措，從而不惜一切代價使國民黨向右，與右派成立一個聯盟。

第二、如果若在廣東及浙江軍隊支持下成立一個國民黨與商界的權力委員會，這種考慮是適宜的。但是，工人武裝力量在上海的顛覆活動，將使上海無產階級的團體遭到血腥的扼殺。謹慎從事。

第三、對於維廷斯基建議加強對中國資產階級及鄉紳的鬥爭一點，在目前來說，為時尚早，也特別危險；這會逼使資產階級、商人及鄉紳投入帝國主義者及奉系的懷抱。當來自帝國主義者和北方的危機依然存在，且在將來與他們的鬥爭不可避免的情形下，國民黨必須維繫所有可能的聯盟者與同路人。

第四、我們同意，農業綱領必須提上日程，沒有農民的支持，勝利是不可能的。但是當帝國主義及其在中國的代理人還在進行戰爭的時候，馬上在農村策動內戰，將會削弱國民黨的戰鬥力量。在最近要由國民黨和鮑羅廷制定一個農民政策的綱領。你們的具體建議及思考必須向我們報告。

第五、在寄交廣東和我們評估主要論點之前，你們要保留中共中央對於下一步任務的

十二日。

聲明。對於我們所面臨的任務，必須要在中國共產黨與國民黨之間達成共識。中國共產黨與國民黨在這個問題上的分歧，是特別危險的。㉜

兩星期後，十一月十一日，對於上海共產國際遠東局與鮑羅廷問題，蘇共中央政治局又做出下列決議：

㈠1.在武裝暴動問題上，由遠東局所准許的輕率舉動，一如上海和南京所發生的事例，認為是不允許的。

2.遠東局實際上將共產黨廣東區委會議紀錄有如出版物一樣複製傳閱，在目前的條件下，是一個嚴重的和不允許的錯誤。

3.鑒於遠東局在上述問題方面所犯的錯誤，應對遠東局給予警告處分。

4.指示中國委員會蒐集關於遠東局工作的全面資料。

㈡在任命駐北京全權代表之前㉝，鮑羅廷同志受莫斯科的直接領導。

㉜「蘇共（布）中央政治局會議紀錄第六十五號」，莫斯科，一九二六年十月二十九日。

㉝蘇共中央政治局於十月十四日決議召回加拉罕。

(三)責成遠東局：遠東局對中國一般政治問題、對國民黨問題，以及對軍事政治工作所做出的一切決議與措施，都要與鮑羅廷同志協調決定。如對上述問題發生歧見，則向莫斯科報告定案。

鮑羅廷與遠東局應就上述問題所採取的一切措施及計畫知照莫斯科駐北京代表。

(四)至於任命鮑羅廷同志為駐廣東的正式代表一節，似不適宜。當鮑羅廷同志仍為在廣東控制下的省份工作的負責人時，再對廣東政府任命我方正式代表。外交事務人員委員會應在一星期內向政治局建議適當人選，並予確認。

(五)因有必要爭取湖北工人的同情以及在華中儘快組織行政機構，且在九江及南昌攻佔之後，對於政府及國民黨中央遷往漢口一節，不予拒絕。[34]

蘇共中央政治局不僅拒絕遠東局撤換鮑羅廷的要求，更明白表示，鮑羅廷受莫斯科蘇共中央的直接指揮；遠東局要與鮑羅廷協調決定有關政策、路線，已處於被領導的地位。十二月二十三日，蘇共中央政治局又通過中國委員會主席魏羅西洛夫(Vorosilov, K. E.)的建議，授勳鮑羅廷，贈予「紅旗勛章」[35]。一星期後，十二月三十日，蘇共中央政治局決議：所有由

[34] 「蘇共（布）中央政治局會議紀錄第六十七號」，莫斯科，一九二六年十一月十一日。

莫斯科派往中國的蘇俄同志一律要接受鮑羅廷的指揮㊱。

三、共產國際執行委員會第七次擴大全會

蘇共中央政治局一言九鼎，遠東局只有俯首聽命，但不心服，也不口服。共產國際駐遠東代表達林就在上述給莫斯科的信中不滿地指出：「莫斯科支持鮑羅廷。莫斯科拒絕了我們要求撤換鮑羅廷的聲明。莫斯科在不久之前對此地發出指示：『在農村不得策動內戰』。這是不正確的。」㊲

一九二六年十一月十二日至十二月十六日，共產國際執行委員會在莫斯科召開了第七次全體會議。上海共產國際遠東局與中共中央原決定派陳獨秀前往莫斯科參加這個會議㊳，但蘇共中央政治局認為，基於中國情勢的演變，陳獨秀應暫緩前來，留在國內㊴。但是遠東局

㊰ 「蘇共（布）中央政治局會議紀錄第七十四號」，莫斯科，一九二六年十二月二十三日。

㊱ 「蘇共（布）中央政治局會議紀錄第七十五號」，莫斯科，一九二六年十二月三十日。

㊲ 見㉘。

㊳ 見㉙。

委員兼祕書，也就是與胡漢民進行三次長談的拉菲斯則銜命返俄，並在七次全會期間兩次提出報告，為遠東局的工作申辯。

十二月六日，拉菲斯提出一份「給共產國際執行委員會擴大會議中國委員會專門小組的聲明」[40]。聲明的主要內容有三點：

第一、拉菲斯首先重複遠東局在十月十七日（電報）報告中的論點：「我們的黨（中共）與國民黨左派面臨一個非常尖銳的問題，即是否要使資產階級在聯合士紳的情形下，獲有利用南方軍隊的勝利果實，並以與參與北伐的左傾軍閥的聯盟來鞏固資產階級權力的機會。」

針對中國委員會對於此一論點的諸多批評，拉菲斯（也是中國委員會的委員之一）又在聲明中提出四點說明：「㈠在中國有一個資產階級。㈡資產階級處在民族運動之中。㈢目前我們只有在反帝鬥爭和澈底打倒軍閥的一定時期與資產階級共同協力。㈣正是

---

[39] 見[31]。

[40] 「拉菲斯在共產國際執行委員會擴大會議中國委員會專門小組的聲明」，莫斯科，一九二六年十二月六日。

這種情況導致國民黨右派的加強，製造了廣東革命中心轉變的危險。」

第二、拉菲斯接著引述遠東局上述論點的下半部份：「鬥爭必須進行，……反對上述資產階級的趨勢。……不能害怕策動農民鬥爭，在城市中，要竭盡全力使工人階級以獨立的、自覺的政治原動力出現。」

拉菲斯說，這個論點的意義是，遠東局認為，「在無產階級與農民結盟的基礎上，提出無產階級爭取領導權是當前最現實的任務，是必要的。」拉菲斯提及，在中國委員會討論時，米夫批評遠東局和中共中央在上海暴動時所執行的路線，不符合無產階級爭取領導權的策略。拉菲斯反駁說，進行上海暴動是為了在一個用為緩衝地帶的較小地區，建立一個臨時的權力機構，是使孫傳芳內部瓦解和支持南方部隊戰鬥的一種行動。由於共產黨人在民族革命運動中的重大作用，今後還會有此類短時的策略性任務，必須靈活運用。

第三、針對中共對國民黨的關係和共產黨人在國民黨內的工作問題，拉菲斯說：「從組織方面來看，這是中國革命的政治問題的癥結所在。我們現在不能局限於『不退出國民黨』的表達形式。」根據拉菲斯的看法，「國民黨是這樣的：對我們來說，國民黨這個組織是保證我們與國民革命領導機構聯繫的一種短暫的形式？還是國民黨是在無產階級領導下的一個包括無產階級、農民和城市手工業者聯盟的組織？」拉菲斯自問自答地說，後者才是正確的，事實也正是如此。因此，如果目前在國民黨內有兩個派系，其中的右派要在革命中為爭取資產階級領導權而進行鬥爭，那麼共產黨人就要竭力把更多的工農組織帶進國民黨，藉以抵制國民黨轉變為「立憲民主黨」（一九〇五年至一九一七年俄國主要的資產階級政黨）或凱末爾式的政黨，以期在適當時機把所有的右派都從國民黨中趕出去。「這只有在無產階級與資產階級斷然破裂和使國民黨轉變成為一個在共產黨領導之下執行革命的下一步任務的情形下，才能實現。」㊶

十二月十四日，七次全會結束前夕，拉菲斯又向共產國際執行委員會祕書處提出「關於遠東局的工作報告」㊷。這份報告列為「極密」的限閱文件，閱件人是：史大林、布哈林、中國委員會主席魏羅西洛夫、加拉罕、共產國際執行委員會祕書巴特尼基(Pjatnickij, I. A.)、

㊶ 同上。

㊷ 「共產國際執行委員會遠東局祕書拉菲斯關於遠東局對中國情勢的不同意見及遠東局工作前景的報告」，莫斯科，一九二六年十二月十四日。極密。

布勃諾夫。以下是文件的主要內容：

報告首先指出，遠東局的成員分為兩派：主任維廷斯基和賀勒（很少參加會議，因病提前返國）屬主流派，拉菲斯與傅金是「反對派」。拉菲斯在報告中除了闡述自己的立場之外，同時指責維廷斯基力不勝職，拒絕討論中國革命的一般政治情勢及全面的基本策略路線，只注意眼前的問題及解決方法。一切文件都由維廷斯基親自執筆，經過討論後，基本上一致通過。所以維廷斯基應對遠東局的一切工作負責。

拉菲斯說，遠東局在工作上犯有嚴重錯誤之一是北伐問題，即在六月至八月這段時間，遠東局未能及時發現中共在北伐問題上採取反對立場的錯誤及其危險後果，以致共產黨人對北伐未能作更好的準備和加強他們的影響。在這段期間，遠東局也堅決反對北伐，由於：㈠過度誇大對中國反對勢力的判斷，特別是對孫傳芳與海岸沿線資產階級的聯合。㈡誇大國民黨內反動勢力的危險。㈢遠東局無意用北伐行動來支持孫中山救中國的思想。㈣當共產黨人自主的政治路線的口號提出之後，遠東局無意與蔣介石協調一致。㈤對於這個偉大的革命的意義，缺乏認識，即沒有瞭解由於廣東軍隊的北伐而引起反動勢力業已呈現瓦解的情況。

對於蔣介石問題，遠東局一致認為，三月二十日事件為國民黨的反動派打開了閘門。因此，策略是：堅決反對反動派，絕對不能加深左派與中派的裂隙，與蔣介石周旋有其必要；

中共要加強其在群眾中的地位和爭取在國民黨內的政治自主。但是，拉菲斯持有異見。他說，當時他曾指出：「目前不是如何從國民黨中救出共產黨人，而是如何從蔣介石手中，也就是從軍事獨裁的危險中救出國民黨。」拉菲斯認為廣東的錯誤是，根本沒有提出「拯救國民黨」的任務，因為廣東同志把國民黨看成是一個只須埋葬的行屍走肉，這就加深了國民黨左派在三月二十日以後出現的衰竭現象。

關於國共關係的癥結問題：退出國民黨，拉菲斯說，在遠東局內，沒有人公開表示贊成共產黨員退出國民黨。這是表面現象，事實並非如此。拉菲斯指出，一九二五年十月中共中央擴大會議通過的決議，就是維廷斯基撰寫的。這個決議的要點是：「我們應當找一個與國民黨聯盟的好的方式。」現在陳獨秀又在今年中共中央七月擴大會議的報告中舊話重提，並受到遠東局維廷斯基的支持。拉菲斯說，在退出國民黨問題上，遠東局內有兩個對立的意見：維廷斯基確信國民黨一定會轉變成為一個資產階級的政黨，其不可避免的後果是，中共黨員退出國民黨。拉菲斯則認為，使國民黨轉變成為在無產階級領導下的一個革命民主勢力聯盟的組織是必要的。

在遠東局三名委員自廣州返回上海的這段時間，遠東局所面臨的問題是，如何制定對資產階級在趨向勝利的過程中進行鬥爭的路線。遠東局一致認為，國民革命的第一個階段即將勝利結束，換言之，國民黨已經邁上勝利之路。但是，在國民黨的旗幟下，誰是勝利者？誰來領導第二個階段的工作？遠東局一致認為，如果中共不在政治路線上採取決定性的改變，不僅在對革命中日漸增強的資產階級趨向勝利的危險進行鬥爭上毫無準備，且在湖南與湖北的「廣東周圍」也不會是革命的。中共如果喊出遏止農民運動的口號，勢將埋葬中共與農民的聯繫。因此，遠東局一致決議，也就是上述十月十日的電報所指出的：對「資產階級趨向勝利的危險，毫無畏懼地發動農民運動，並在城市中組織無產階級以獨立的政治姿態出現。」

在結論中，拉菲斯主張遠東局繼續存在，有其必要，但要由蘇共中央派來有力幹部領導，維廷斯基只能擔任副手㊸。

拉菲斯的兩份報告，未能影響莫斯科的中國政策，也未能改變蘇共中央對鮑羅廷的信任態度。拉菲斯沒有搞清當時莫斯科的政治氣候。

共產國際執行委員會第七次擴大全會（一九二六年十一月二十二日至十二月十六日）召開前夕，正是蘇共中央內部兩條路線鬥爭達到高潮之際。

一九二六年七月二十三日，蘇共中央執監委聯合會議決議免除西諾耶夫政治局職務。十月二十三日又通過決議：認為西諾耶夫在共產國際沒有代表蘇共路線，不能在共產國際繼續

㊸ 同上。

工作，並免除托洛斯基政治局委員職務㊹。十一月二十一日，西諾耶夫函共產國際執行委員會請辭主席職務及在共產國際的一般工作。第二天，共產國際執委會決議照准，並且在沒有「主席」的情況下，召開了第七次擴大全會。此時，史大林已經控制全局，大權在握；這次全會是史大林時代的開端。布哈林可以視為西諾耶夫的「接班人」。

第七次全會討論了國際情勢、共產國際的任務、蘇共問題、英國罷工問題。但是，中國問題無異是這次全會的重點。共產國際也第一次這樣全面地處理了中國問題。全會對中國問題的重視，也可以從下列事實看出：

・中共代表譚平山是全會中國委員會的兩位主席之一，是共產國際執行委員會主席團委員、全會農業委員會委員。

・除布哈林和史大林外，譚平山是關於中國情勢的主要報告人。

・開會首日，全會電賀武昌起義十五週年和戰鬥中的中國群眾：「廣東政府已進入中原地區，是中國革命的有力因素，並為整個遠東及所有殖民地的民族解放運動的發展，

㊹「蘇共中央執監委聯席會議決議」（一九二六年十月二十三日），見：《國際新聞通訊》（德文版），第一二八期（一九二六年十月二十六日），頁二二〇二。

開闢了一個新階段。」㊺

．十一月二十二日，布哈林發表「資本主義穩定問題」的開幕演說。他宣佈開會之後，第一位發表賀詞的是中共代表譚平山；與會人員報以「熱烈掌聲」，並起立高唱國際歌。接著是邵力子代表國民黨致簡短賀詞，與會人士用「暴風雨般的掌聲」表示熱烈歡迎之意，並起立高唱國際歌。㊻

全會對中國問題之所以重視，是莫斯科基於北伐軍事出其不意的鉅大勝利，國民黨和國民政府的權力與勢力擴及半個中國的事實。從宏觀角度來看，莫斯科確信中國革命是破壞資本主義穩定的最重要和最有力的因素之一，且為整個遠東和所有殖民地的民族解放運動的發展開闢了一個新階段。這是全會處理中國問題的基本看法和立場。這是在評價此次全會通過的中國問題決議案時，不可忽視的一點。

布哈林在「資本的穩定與無產階級革命」的報告中，且在全會討論中國問題之前就指出：中國共產黨在中國革命現階段的任務是，在堅持國共統一戰線的前提下，開展農民運動。中

㊺《國際新聞通訊》（德文版），第一四八期（一九二六年十二月三日），頁二六一五。

㊻ 同上。第一四七期（一九二六年十二月二日），頁二六一二。

共的錯誤是沒有充分注意農民問題㊼。

十一月三十日，在全會討論中國問題期間，史大林在全會中國委員會上發表了「論中國革命的前途」的演說。史大林認為中國未來的革命政權將是反對帝國主義的政權，將是走向非資本主義、走向社會主義發展的過渡政權。從這個過渡政權的論點出發，史大林引出了中國共產黨人在怎樣對待國民黨和中國未來革命政權這個問題上的任務：「因此，中國共產黨人現在退出國民黨將是極大的錯誤。」史大林同時指出：農民捲入革命愈速、愈澈底，中國反帝國主義的戰線就愈有力、愈強大㊽。

史大林和布哈林在全會期間對中國問題提出的論點，為全會處理中國問題定了基調。十二月十六日，在全會的最後一天，通過了「關於中國問題決議案」，要點如下：

(一)「中國革命是破毀資本主義穩定最有力最重要的原素之一。」

(二)「澈底的土地政策之實行，乃是反帝國主義勝利及革命往前發展的先決條件。」

㊼ 同上，頁二六〇八。

㊽ 史大林：「論中國革命的前途」（一九二六年十一月三十日），見：《共產國際》（德文版），第十三期（一九二六年十二月十四日），頁五七四～五七五、五八〇。

㈢「國民革命政府的機關，是接近農民很實際的道路。故共產黨必須利用這機關。」

㈣「根據上述的及其他許多同樣重要的理由，共產黨離開國民黨的觀念，是錯誤的。」㊾

在共產國際執行委員會第七次擴大全會即將結束之際，十二月，中共中央在漢口召開特別會議，主要討論在統一戰線中出現的各種危險傾向，並制定相應策略。特別會議根據陳獨秀的「政治報告」（十二月十三日）㊿認為，在「各種危險傾向中最主要的嚴重的傾向是一方面民眾運動勃起之日漸向『左』，一方面軍事政權對於民眾運動之勃起而恐怖而日漸向右。這種『左』右傾倘繼續發展下去而距離日遠，會至破裂聯合戰線，而危及整個的國民革命運動。」51其策略是：防止黨外的右傾，防止「黨中的『左』稚病」52。

㊾「共產國際執行委員會第七次擴大全體會議關於中國問題決議案」，見：《中共中央文件選集》，前出，頁六六六、六七三、六七六。

㊿「政治報告」（一九二六年十二月十三日中央特別會議），見：《中共中央文件選集》，前出，頁五五九～五六八。

51「政治報告議決案」，同上，頁五六九。

52「政治報告」，前出，頁五六二～五六五。

中共中央在漢口召開特別會議時，還不知道共產國際執行委員會七次全會「關於中國問題決議案」的內容。這個決議一直到一九二七年一月底才傳達到中國[53]。共產國際執行委員會第七次全會結束的第二天，十二月十七日，蘇共中共政治局就中國問題書面徵詢政治局委員的意見。十二月二十三日，蘇共中央政治局決議，給鮑羅廷發出電報指示，全文如下：

> 退回城市和限制工人階級為改善他們處境的鬥爭的一般性政策，是錯誤的。
>
> 在農村必須展開鬥爭。同時必須利用有利時機來改善工人在經濟上的和法律上的處境。
>
> 在這種情況下，應該設法賦予工人的鬥爭以有組織的性格，並且排除暴行和過分的向前猛衝。要特別注意的是，在城市中的鬥爭是以資產階級的有力階層，特別是帝國主義為對象；藉以保住小資產階級能在統一戰線內反對共同的敵人。
>
> 我們認為調停委員會、仲裁法庭等等制度是實用的；這種機構可以保障正確的工人政策。基此，我們認為有必要指出，反對罷工自由、反對工人集會結社等法令是絕對不

[53]「中央政治局對於『共產國際執行委員會第七次擴大全體會議關於中國問題決議案』的解釋」（一九二七年初），見：《中共中央文件選集（一九二七）》，第三冊，頁十九～二十三。

能容許的。由於此一問題的重要性，你要定期提供資訊。54

一九二六年十二月，中共中央政治局與共產國際代表維廷斯基及鮑羅廷召開聯席會議，通過了「政治問題議決案」55。原件沒有日期，根據內容，應在鮑羅廷收到上述蘇共中央電報指示之後。這個「政治問題議決案」的主要內容如下：

中國共產黨看清了這個嚴重的時期，以為現時民主革命之發展，決不能使國民政府及執政之國民黨和城鄉勞動群眾脫離！故應：

㈠很堅決的反對國民政府反對領導它的國民黨之左傾。……

㈡很堅決的認定鞏固和發展國民黨左派。……

㈢我們黨獨立的宣傳和鼓動，此時比以前更重要，惟須指出我們同志的觀點之錯誤及其危險！他們以為我們黨之獨立，即是組織工農小有產階級群眾，在我們直接領導之

---

54 「蘇共（布）中央政治局會議紀錄第七十四號」，莫斯科，一九二六年十二月二十三日。

55 「政治問題議決案」（一九二六年十二月中央政治局與國際代表吳廷康同志鮑羅廷同志聯席會議通過），見：《中共中央文件選集》，第二冊，前出，頁五八七～五八九。

> 下，和國民政府及國民黨對抗（各地方都多少有此傾向，在廣東最甚），這樣解釋我們黨之獨立，必至走向和國民黨脫離，而危及整個的民主革命運動。
>
> (四)……目前共產黨的主要政策，即日益發展及組織農民運動，使農會成為鄉村中向土豪劣紳地主爭鬥之中心，而不能和國民政府發生衝突。
>
> (五)……目下應整理城市階級鬥爭的陣線，特別注意非工業的勞動者或手工業工人向中小資產階級鬥爭發展之對於一般民主革命運動的危險。[56]

在中共的官修黨史中，沒有提及這個「政治問題議決案」，但是強調上述中共中央漢口特別會議的決議評右批左的說法是誇大的[57]，是錯誤的[58]。據以制定的策略，「實質上這就是信任蔣介石、汪精衛超過信任工農群眾，不惜犧牲工農群眾的根本利益去遷就蔣介石的反動要求。蘇聯代表鮑羅廷和共產國際代表維廷斯基也贊同這次特別會議的決議。」[59]因此，

---

[56] 同上。

[57] 《中國共產黨歷史》（上卷），中共中央黨史研究室著，北京，一九九一，頁一七二～一七三。

[58] 《中共黨史大事年表》，中共中央黨史研究室，北京，一九八七，頁五十。

[59] 同上。

「把主要希望寄托在蔣介石、汪精衛的身上（包括領導軍隊、政權、土地改革在內），在這個基點上，它（共產國際七次全會中國問題決議案）同中共漢口特別會議的決議是一致的。」❻⓪

「這是導致第一次大革命失敗的一個重要的主觀因素。」❻①

❻⓪《中國共產黨歷史》，前出，頁一七五。

❻① 同上，頁一七四。

第九章　一九二六年的中國革命

從俄共祕檔來看，一九二六年的中國革命有三個主題：中山艦事件、北伐和汪蔣合作策略。這三個主題形成一個核心問題：國共兩黨關係。

一、國共兩黨關係

國共兩黨的摩擦，在國民黨一大改組前後就已經提上日程。孫中山逝世和五卅運動後，逐漸升級，中山艦事件的發生達到高潮。

中山艦事件發生時，由布勃諾夫率領的「中國視察團」正在廣州。這個由蘇共中央政治局授命組成的特別代表團，有「在不需要政治局同意的情況下」，就地採取必要措施的全權。

中山艦事件是蔣介石「當機立斷」的突發事件。對廣州的蘇俄軍事顧問而言，有如「青天霹靂」，不知所為何來。三月二十三日，俄人問蔣介石以對人抑或對俄問題。蔣介石答以對人。俄方只得此語「心已大安」，隨令季山嘉、羅茄覺夫等離粵返國。

蔣介石的行動既然是「對人」，那就是說，蘇俄顧問一定犯了不可容忍的錯誤，才導致蔣介石發動「三月顛覆」事件。基於此一認識，在三月二十三日以後，廣州的蘇俄首席軍事顧問斯切潘諾夫，特別是「中國視察團」團長布勃諾夫在檢討中山艦事件的報告、演講中，都在下面的兩個問題上集中火力，大做文章：㈠蘇俄軍事顧問在軍中的政治工作方面犯有嚴重錯誤。㈡軍中的黨代表，由中共黨人把持、擅權，引起中國將領，尤其是蔣介石的不滿。因此，「中國視察團」同意被蔣介石點名的季山嘉、羅茄覺夫等顧問回俄。

中山艦事件的發生，是蘇俄在中國推行民族革命運動過程中的一件大事。國共統一戰線面臨破裂危機，不能等閒視之。三月二十五日，蘇共中央政治局決議在上海設立共產國際遠東局，其任務之一是，調查中山艦事件的主要原因及後果。

由維廷斯基領導的遠東局，在中山艦事件發生的半年後，推翻布勃諾夫及斯切潘諾夫等人的分析與結論，認為蘇俄軍事顧問及中共黨人在軍中政治工作方面所犯的錯誤，屬於次要矛盾。在鮑羅廷的領導下，由國民黨左派和共產派包辦國民黨黨政領導機構的路線，才是導致「三月顛覆」事件的主要因素。換言之，鮑羅廷應對中山艦事件負完全責任。由於鮑羅廷的執迷不悟，危害未來的革命工作，遠東局要求撤換鮑羅廷。

鮑羅廷與維廷斯基的兩條路線鬥爭，也反映在北伐問題上。

中山艦事件發生前夕，共產國際執行委員會召開了第六次擴大全會（一九二六年二月十七日～三月十五日）。在「中國問題決議案」中指出：中國工人在上海和香港的政治罷工（一九二五年六月～九月），在中國人民反對外國帝國主義的解放鬥爭中造成了一個轉捩點。國民軍在華北之成立及其反對封建軍閥之鬥爭，乃是民族解放運動之重大成績。至於國共兩黨關係，國民黨是一個以國共合作為核心，在工農、知識分子和城市民主派等階層的共同利益的基礎上，進行反帝、反軍閥的「革命聯盟」。

在同一時間，中共中央在北京召開特別會議（一九二六年二月二十一日～二十四日）。會議認為，五卅反帝的國民運動，本是極大的聯合戰線，可是這一聯合戰線不久便分裂了，從而確信，如果英日張（作霖）吳（佩孚）的聯合戰線得勝，「必然繼續進攻而要推翻中國革命策源地的廣州國民革命政府。」然而根本之解決，始終在於廣州國民政府北伐的勝利。因此，中共應從各方面準備北伐戰爭。

中共是「從廣州看天下」。莫斯科則從反帝、反資本主義穩定的宏觀角度來看中國革命。在堅持國共統一戰線的前提下，決定當前的鬥爭策略。

三月二十一日，國民軍撤出天津，退守京畿。四月一日及十五日，蘇共中央政治局召開會議，認為國民軍的失敗是帝國主義影響的增強。對廣東來說，推行具有攻擊性的軍事行動的想法，或可以引起帝國主義干涉的任何軍事行動，必須澈底拒絕。廣東不能向外發展，擴大地盤，目前要集中全力鞏固內部。根據蘇共中央政治局的決議，共產國際於四月二十七日指示中共，不准廣東現時進行北伐戰爭。七月初，國民革命軍出師北伐。蘇共中央面對既成事實，只有命令中國委員會對「所謂北伐」進行調查，蒐集有關資料匯報莫斯科。

鮑羅廷於四月底返回廣州，面臨一個全新局面。汪精衛臨陣脫逃，「左派」群龍無首。中共反蔣，心有餘而力不足。鮑羅廷自己也已失去了往日影響。面對強人蔣介石無力阻止北伐，也無法在蔣介石的面前公然反對北伐。在鞏固國共統一戰線的前提下，鮑羅廷的策略是：㈠支持北伐，避免與蔣介石發生任何衝突，以免中山艦事件的重演，失去廣東革命基地。㈡汪蔣分權合作。在佔領武昌時，國民黨召開一次擴大會議；國民黨左派與共產派的聯盟重掌政權，恢復三月二十日以前的局面。

維廷斯基的看法不同。在他寫給陳獨秀的一封信中（四月二十四日），明確表示應該結束國共兩黨混合的聯合，尋求黨外合作；中共要獨立發展。由於要求退出國民黨的「分貝」愈來愈高，不能坐視。蘇共中央政治局開會決議（四月二十九日）：必須執行中共黨員留在國民黨內的決議。

遠東局同意中共對蔣介石採取退卻路線，避免逼蔣向右，加深失去廣東革命基地的危險，同時也同意汪蔣合作，但是要逼蔣向左，全力發展群眾工作，爭取國民革命的領導權。因為維廷斯基深信，在北伐戰爭的過程中，國民黨一定會變成一個資產階級的政黨，其不可避免的後果是，中共黨人退出國民黨。對於鮑羅廷要恢復左派與共產派的聯盟、重掌政權的想法，更視為幻想而加以拒絕。

八月中旬以後，北伐軍事進展迅速，節節勝利。遠東局與蔣介石不約而同地提出了民族革命運動的核心問題：誰來領導國民革命？

一九二五年底到一九二六年初，胡漢民訪問蘇俄時，就一再強調國民黨是唯一的國民革命領導者。胡漢民要求國民黨加入共產國際，其用意是取代中共，切斷中共與共產國際的組織關係。莫斯科基於共產國際章程和策略上的考慮，予以拒絕。但對國共兩黨日趨緊張的關係，也沒有提出解決之道。上述共產國際執行委員會第六次全會決議，也只有重申國民黨是一個以國共合作為核心的革命聯盟。

中山艦事件後，蔣介石在二中全會提出的整理黨務案，可以視為胡漢民「黨內無派」的具體措施，但亦非治本之道。解鈴還需繫鈴人，蔣介石派邵力子訪俄，上書共產國際（九、十月），不外強調國民革命必須在一個主義的思想基礎上，由國民黨統一領導；中共黨員只能在「容共」的條件下，支持國民黨完成領導革命的任務。

十月中旬，遠東局在發給莫斯科的電報中指出：統一戰線面臨危機，要加強對資產階級的鬥爭。在農村不能害怕策動農民鬥爭；在城市中要全力使工人階級以獨立的、自覺的政治勢力出現。在與農民結盟的基礎上，提出無產階級爭取領導權是當前最現實的任務，是必要的。

蘇共中央政治局於十月下旬，首先拒絕上海共產國際遠東局撤換鮑羅廷的要求，繼又發出指示：不能由於北伐戰爭的勝利而引起的情勢存有任何左傾幻想。

共產國際執行委員會第七次擴大會議（十二月底），是在史大林控制下召開的一次討論中國問題的全會。會議從宏觀角度來看中國革命，確信「廣東進入中原地區，是中國革命的有力因素，並為整個遠東及所有殖民地的民族解放運動的發展開闢了一個新階段。」鮑羅廷認為，蔣介石在北伐戰爭中從事了偉大的反帝工作，不能脫離前線。莫斯科重視蔣介石也不為無因。對中國問題的決議是，在鞏固統一戰線的前提下，共產黨員繼續留在國民黨內工作，並利用國民黨和國民政府的組織來推展農民運動。

二、鞏固國共統一戰線

蘇俄於二十年代在中國推行「民族革命運動」，它有兩個涵義：「民族」是對外的，反帝的；「革命」是對內的，反對軍閥統治、反對「半封建制度」。在俄共祕檔中，有時也出現「中國革命」字樣，那是為了行文方便，不是正式用語，因為它不一定含有反帝的內容。對國民黨來說，這是「國民革命」，中共黨史則稱之為「第一次大革命」。

根據「過去」中共黨史著作的統一說法，這次大革命的失敗，主要是由於中共領導機構犯了「以陳獨秀為代表的右傾投降主義錯誤」❶，並引用毛語錄說：「自願地放棄對於農民群眾、城市小資產階級和中產階級的領導權，尤其是放棄對於武裝力量的領導權。」❷換言之，以陳獨秀為代表的右傾投降主義路線，「在黨的領導機關中佔了統治地位，拒絕執行共產國際和史大林同志的許多英明指示，拒絕接受毛澤東同志和其他同志的正確意見，以至於當國民黨叛變革命，向人民突然襲擊的時候，黨和人民不能組織有效的抵抗，這次大革命終

❶《中國共產黨歷史》(上卷)，中共中央黨史研究室著，北京，一九九一，頁二〇〇。

❷ 毛澤東：「目前形勢和我們的任務」，見：《毛澤東選集》，北京，一九六四，頁一二五七。

於失敗了。」❸

一九七六年毛澤東去世，結束了「大海航行靠舵手」的年代。十一屆三中全會（一九七八年底）以後，中共黨史的研究也逐漸進入一個新的領域。

在一九九一年出版的《中國共產黨歷史》（上卷）中，這部官修黨史不再一面倒，提出對陳獨秀和共產國際各打五十大板的新說法：「共產國際及其代表對中國革命雖然有許多正確的指導，但也有不少脫離中國實際的右傾錯誤，年輕的中國共產黨對共產國際的指示不僅在組織原則上有服從的義務，而且也缺少獨立判斷的能力。在這種情況下，中國共產黨，首先是在黨中央負主要領導責任的陳獨秀，也包括黨中央集體，幾乎是很難不犯錯誤的。」❹具體言之，「共產國際在第一次大革命時期的錯誤主要集中在後期」，這些錯誤「對陳獨秀右傾機會主義的形成產生了很大的影響。」❺

---

❸「關於若干歷史問題的決議」（一九四五年四月二十日中國共產黨第六屆中央委員會擴大的第七次全體會議通過），同上，頁九五六～九五七。

❹ 見❶，頁二〇一。

❺《「中國共產黨歷史（上卷）」若干問題說明》，中共中央黨史研究室一室編著，北京，一九九一，頁七十三。

根據中共黨史今天的說法，「陳獨秀右傾機會主義錯誤，集中表現在以下三個方面」：

(一)「過高估計資產階級和國民黨的力量，對無產階級和中國共產黨的作用認識不足，只講聯合，不講鬥爭；極力扶助國民黨『左派』掌握第一次大革命的領導權，是共產國際及其駐華代表一貫的指導思想。」❻

「共產國際和史大林在領導權的問題上的這些錯誤，對陳獨秀右傾機會主義的形成起了推波助瀾的作用。」❼

(二)「在實行土地革命的方法上，共產國際和史大林是企圖通過國民政府來解決農民的土地問題。他們既想開展土地革命，又要維護統一戰線，並把維護統一戰線擺在首位，從而土地革命成為一句空話。」❽

(三)「在軍事問題上，共產國際和史大林過高地估計了國民黨軍隊的作用，忽視了由共產黨人掌握軍隊的領導權和建立共產黨獨立領導的革命軍隊的重要性。」❾

---

❻ 同上，頁七十四。

❼ 同上，頁七十五。

❽ 同上，頁七十六。

總而言之，「歷史事實充分證明，陳獨秀右傾機會主義在形成過程中，受到了共產國際和史大林右傾錯誤的影響；第一次大革命後期陳獨秀右傾機會主義之所以能在中國共產黨內佔統治地位，共產國際及其駐華代表的支持是重要原因之一。」⑩

在評述「陳獨秀右傾機會主義錯誤」之前，首先要澄清兩點：㈠「共產國際及其駐華代表」的說法，應該不包括鮑羅廷。根據俄共祕檔，鮑羅廷是駐華「蘇維埃社會主義共和國聯盟」代表，由蘇共中央政治局任命並對其負責。㈡鮑羅廷與共產國際代表維廷斯基代表了兩條不同的策略路線。

上述三點「陳獨秀右傾機會主義錯誤」，從中共的立場來看，言之成理，但是不無張冠李戴之嫌，因為以陳獨秀為首的中共中央不是「第一次大革命」的「節目主持人」。從莫斯科看中國，又是另外一副面貌。

根據一九二〇年召開的共產國際第二次代表大會「關於民族與殖民地問題的決議」，蘇俄要：㈠在中國推行「民族革命運動」。因為它是反帝的、反軍閥的（帝國主義的附庸），所以它是世界革命的一部分。㈡民族革命運動是一個多階級的、民主資產階級革命，所以要建

---

⑨ 同上，頁七十七。

⑩ 同上，頁七十九。

立一個聯合各種革命勢力的統一戰線。㈢這個統一戰線要由一個資產階級政黨——國民黨來領導，所以國民黨必須改組成為一個具有戰鬥力的「工農政黨」，建立自己的革命武裝。㈣中共黨人要「參加」這個民族革命運動和統一戰線，在國民黨內工作，因為中國的無產階級還不成氣候，不是一個獨立的社會力量。以上四點可以稱之為「列寧遺教」。

由於莫斯科對於中國民族革命的定位及決定中共在民主資產階級革命中所應扮演「參加」而非「節目主持人」的角色，因此也就沒有無產階級爭奪領導權的問題，更談不上中共要擁有自己的武裝力量。至於「過高估計資產階級和國民黨」也就無足為奇了。

早在一九二四年，國民黨一大改組之後，鮑羅廷就一篇內部報告中指出：孫中山不能完全了解蘇俄在遠東的真正目的；列寧針對東方被壓迫的民族所留下來的遺教，不論發生何種情況，對共產黨人來說，都是神聖不可侵犯的⓫。

這個「列寧遺教」，自一九二〇年至一九二七年武漢分共，負責主持中國民族革命運動的蘇共中央信守不渝。

從俄共祕檔來看，一九二六年，特別是在中山艦事件以後，中國革命的核心問題是國共兩黨關係。具體言之，誰來領導國民革命？同這個問題有密切關聯的，又是對蔣介石的策略

⓫《俄共中國革命祕檔（一九二〇～一九二五）》，郭恒鈺著，臺北，一九九六，頁九十四。

問題。蔣介石堅持一個主義，一黨專政；國民革命只能由國民黨來領導。中共黨人要在「容共」的條件下俯首聽命。共產國際駐華代表，尤其是維廷斯基，還有部分中共領導人士，主張全力發展工農群眾工作，爭取革命的領導權，並尋求黨外合作。

蘇共中央政治局的基本路線是：推行民族革命運動首先要鞏固國共統一戰線，因此：㈠中共黨人要留在國民黨內工作，要支持左派，不能在革命運動中爭取領導權。㈡中共要利用國民黨這個組織和國民政府這個機構來發展農民運動。但是工農群眾工作的推行，不能過火，適可而止，以免危害統一戰線。這又回到原點。㈢這個路線的必然後果是，對強人蔣介石在政治上諸多讓步，在軍事上支持北伐，因為在蔣介石指揮下的北伐戰爭——不是湖南的農民運動——已是破壞資本主義穩定的有力因素。這又回到推行反帝的民族革命運動的原點。

上面提及，中共黨史今天的說法是，共產國際在第一次大革命時期的錯誤主要集中在「後期」；這些錯誤對「陳獨秀右傾機會主義的形成」產生了很大的影響。「第一次大革命後期」應指北伐出師以後。上海共產國際遠東局於一九二六年六月中旬開始工作。遠東局負責領導中共工作，負責人維廷斯基更參加中共中央局的會議。根據遠東局的工作報告，「中共在政治生活上的任何問題及其活動，都是在有遠東局蘇俄同志參與的情形下決定的。」此外，「遠東局也監督中共的軍事工作。」中共不僅在組織原則上，對共產國際的指示有服從的義務，在「後期」還要接受遠東局的直接指揮。在這種情形下，談不上在大革命後期「陳獨秀右傾機會主義」在中共黨內的形成與佔有領導地位。從俄共祕檔中可以得到一點認識：在「第一次大革命」時期，中國共產黨還不是一個獨立自主的政黨，連中共領導人陳獨秀發表一篇「論國民政府之北伐」的文章，都要由老大哥授意為之。

以維廷斯基為首的遠東局，主張黨外合作，全力發展工農群眾工作，爭取國民革命的領導權。鮑羅廷要迎汪復職，汪蔣合作；國民黨左派與共產派的聯盟重掌政權，恢復中山艦事件前國共合作的局面。遠東局遭到警告處分，鮑羅廷榮獲「紅旗勳章」。遠東局的左傾冒險路線，是孤注一擲，也與莫斯科的基本政策有違。但是，在武漢召開的國民黨二屆三中全會說明，鮑羅廷的如意算盤未能兌現，反而加強了國共統一戰線破裂的速度。

從無產階級世界革命的意識形態出發和對帝國主義國家鬥爭的需要，蘇俄在中國推行反帝的、反「半封建制度」的民族革命運動；為了實現此一歷史任務而制定的基本路線：堅持國共兩黨黨內合作形式的統一戰線，是「第一次大革命」失敗的「歷史根源」。對於策略上的「右傾錯誤」，一言九鼎的蘇共中央政治局應負全責。

第十章　鮑羅廷論「中國大革命」

一九二三年初，莫斯科決定放棄促使吳佩孚與孫中山合作進行中國革命的策略，「孫越聯合宣言」（一月二十六日）就是蘇俄正式聯孫的開始。

蘇俄聯孫，同意給予廣東經援二百萬金盧布，但是拒絕孫中山的「西北計畫」，同時堅持國民黨要加強政治工作。

同年八月，俄共中央政治局根據史大林的建議，任命鮑羅廷為孫中山的「政治顧問」。鮑羅廷抵達廣州後的首要任務是，全力著手改組國民黨。一九二四年一月，國民黨召開第一次代表大會，在大會進行期間，鮑羅廷在中國共產黨與社會主義青年團的聯席會議（一月十八日）明確指出：共產黨人的任務是，在中國推行民族革命運動，國民黨要取得民族革命的領導權，也要奪取政權。因此，「我們需要把國民黨變成一個戰鬥的工農政黨」。

「孫越聯合宣言」也是孫中山公開聯俄的開始，其主要目的是實現他的「西北計畫」，進行北伐。當俄方拒絕之後，孫中山接受俄方建議，「以俄為師」全力從事政治工作，也就是改組國民黨，使它成為一個具有戰鬥力的革命政黨，建立革命武裝力量，以期打倒軍閥，統一中國。

莫斯科與孫中山在打倒北方軍閥，建立以孫中山為首的國民黨北京政權的立場上是一致的，只是雙方的出發點與最終目的不同。

孫中山聯俄，堅持「容共」的條件。莫斯科完全同意，原因有二：第一，當時莫斯科認為中國的無產階級不成氣候，還不是一個獨立的社會力量。第二，在中國進行的「民族革命運動」是一個民主的資產階級革命，正如鮑羅廷所說，國民黨要取得民族革命的領導權，也要奪取政權，因此，中共要「參加」國共統一戰線，中共黨員要加入國民黨，在國民黨內工作。

由於「容共」政策而引發的「國民黨內之共產派問題」，是從國民黨一大改組到武漢分共這段期間國共兩黨關係的核心問題。所有兩黨糾紛，衝突事件，都與這個核心問題有密切關聯。同時，這個「國民黨內之共產派問題」也是共產國際負責領導中共工作的維廷斯基與鮑羅廷之間的兩條路線鬥爭的根源。孫中山逝世後，特別是五卅運動以後，維廷斯基念念不忘國共分家，主張中共全力發展工農運動，奪取革命的領導權。中山艦事件後，維廷斯基與鮑羅廷的兩條路線鬥爭進入高潮。鮑羅廷堅持汪精衛返粵復職，汪蔣合作，以期恢復中山艦事件前左派當家做主的政治局面。俄共中央政治局全面支持鮑羅廷，在某種程度上，鮑羅廷是莫斯科在中國——特別是在「大革命後期」——推行民族革命運動的「節目主持人」。

一九二七年七月武漢分共，「第一次國共合作」結束。十月二十三日，鮑羅廷在莫斯科「老布爾什維克協會」會員大會上發表演講：「近代中國的政治經濟情勢」，從俄共的立場，宏觀的角度，並以「節目主持人」的身份，總結「中國大革命」，別具意義。全文譯出如後：

近代中國的政治經濟情勢[1]

各位同志！

用一篇演講來闡述在中國四年多來所完成的偉大工作，幾乎是不可能的。為了能夠抓住幾個基本因素，並且使我在各位面前的演講有所依據，昨天和今天我翻閱了可供使用的有關中國革命的資料。就連這一點，也是事與願違，因為沒有任何基本因素是與中國的整個形勢

---

[1] 「鮑羅廷在老布爾什維克協會會員大會關於『近代中國的政治經濟情勢』的報告」，一九二七年十月二十三日。密。原檔編號：F. 514, op. 1, d. 267, l. 113~173。

及其民族解放運動的全部歷史沒有關聯的。因此，我決定首先概述諸多重大事件，然後從這些事件的背景出發，抓住那些使中國革命勝利和失敗的基本因素。

同志們！我們是一九二三年九月前往中國。此時，我們對中國還沒有太大的興趣，至少，沒有比對其他國家的事務更大的興趣。那時我們也沒有任何有關中國的、多少比較可靠的書籍，現在我們擁有為數可觀的漢學家。當然，我們對於中國的認識還有許多空白，但是，有關中國的書籍不斷大量出現的這一事實說明，我們遲早是會了解中國的。但是當時我們對於中國的認識實在是微乎其微。雖然如此，我們還是著手工作，並且在工作的過程中熟悉中國。這不能與其他歐洲國家相提並論，對於這些國家我們既有龐大的參考書籍，也擁有這些國家的革命運動的豐富經驗。

哪些重大事件，從宏觀的、歷史的標準來衡量的事件，是在我們到達之前就已經發生了？特別是十九世紀初葉的南京時期，也就是帝國主義用不平等條約束縛中國的那段時期。這段時期的一個特徵是，滿清王朝要在反對帝國主義侵略的人民起義和恐懼人民以及拱手讓帝國主義搶掠與剝削之間做一抉擇。以中世紀封建和半封建土地關係為支柱的滿洲王朝，無法迎合那些自願對侵入的帝國主義進行鬥爭的分子，滿清王朝害怕人民群眾可能會在反帝的鬥爭解除他們的枷鎖，因而對帝國主義讓步。如果說，中國當時的科技落後，根本無力反抗帝國主義的侵入，這是站不住腳的托詞。

我們在中國停留的時候，我們相信，中國（我們不談租界）在這個世紀在科技方面進展很少，但在同時，大英帝國主義的科技是大步前進。儘管如此，廣州和漢口的廣大群眾對大英帝國主義進行鬥爭，給予重大的打擊。

當時的統治階級害怕，如果喚醒群眾，反帝鬥爭有可能會轉變為反對封建土地關係的鬥爭。因為這個關係，他們寧可讓帝國主義搶掠，也不願意看到人民起義。

第二個時期是太平起義的時期。太平起義是一個農民革命，是一個一方面箭頭指向以滿清王朝為代表的土地關係，另一方面也是一個必然箭頭指向帝國主義的起義。在這個時期，滿清王朝與帝國主義聯合，以期鎮壓這個強大的農民起義。

這段時期的特徵並不止於此。這個時期的特徵是，在當時就已經出現的貿易資產階級害怕農民起義，他們害怕是因為他們一方面與剝削農民有密切關聯，另一方面又與帝國主義結合在一起。這個特徵直到今天依然存在。這個資產階級害怕農民的起義，從而傾向與滿清的反動當道和帝國主義結盟，以期共同協力打垮太平起義。

第三個時期是推翻滿清王朝的時期。這個時期的特徵是，在這個當年與反動當道和帝國主義共同鎮壓太平起義的資產階級的懷抱中產生的國民黨（那時他們還沒有稱之為國民黨），於一九一一年推翻滿清王朝之後，承受了對帝國主義的諸多義務。從國民黨於一九一二年初在南京發表的著名的宣言，可以明顯地看出，國民黨承受了對帝國主義的義務。同時，國民黨也在明朝統治者的墓前作揖鞠躬，在某種程度上強調國民黨無意與舊制度，也就是封建的土地關係，一刀兩斷。在這裏，又一次顯示出資產階級對國民革命的關係。

國民黨對世界民主的幻想

暫且不談資產階級完全無能也無意對帝國主義進行堅決地鬥爭。在孫中山的幻想的影響下，國民黨對世界民主懷有願望。因為孫中山自己是在歐洲的民主精神下成長的，從而相信，這個民主〔意指西方民主國家〕是樂見滿清王朝垮臺，革命成功，中國進步，且對中國必能有所幫助。但是接著而來的是失望；民主國家在中國重生之際沒有假以援手，相反地卻借款給袁世凱，也就是一筆應該動用的，而且是由袁世凱動用來鎮壓革命的公債，即使是資產階級的革命。這筆公債是被用來捍衛滿清反動當道賴以支撐和世界帝國主義賴以保持中國為其殖民地的一切柱石。由於這種失望，在小資產階級、學生和知識分子的周圍開始有了反帝運動，但是還不夠強大，因此也就不必在這個問題上浪費時間。

第一次世界大戰發生後不久，對世界民主的幻想又死灰復燃。這場戰爭是在民主的旗幟下，是在民族自決的旗幟下進行的。上面提到的那幾個社會階層期望中國亦將蒙受其利。但是不久威爾遜的民主就被日本翻譯成二十一條的語言。在凡爾賽和會上已經表明，和會與民主無關，而是以帝國主義的掠奪政策為主。從這次戰爭中中國是一無所得，此後中國對於帝國主義的民主究竟是什麼，得到了具體的、清晰的認識。至於期待在華盛頓會議上，從這個民主〔國家〕得到對中國重生的任何援助，更是荒謬可笑。

在歷史舞臺上，出現了一個新的、真正的民主——蘇維埃共和國，一個實現少數民族自決的共和國。蘇維埃政府的聲明，以及廢除沙皇政府強迫中國簽訂的不平等條約表達了蘇俄的意願，即與中國簽訂平等的條約，從而在中國開展一個新的時代，指出一個新的方向。

從現在開始了反帝運動，一個用不同方式向新的民主，也就是向工農政府尋求支持的運動。但是這個運動最初只抓住了小資產階級、知識分子、特別是學生這個上層團體。他們的口號是這樣的：放下世界民主、帝國主義的定位，導向蘇俄的態度萬歲！

中國共產黨的形成與中國無產階級在政治舞臺的出現

從帝國主義侵入中國開始到某種程度的工業化。

一九一四至一九一八年帝國主義的戰爭使帝國主義的注意力轉移到前線，加強了這個工業化。但是這個工業化過程的發展是很特殊的。它主要是集中在租界，從而使租界成為在經濟上、財政上、乃至政治上控制全國的中心，但是這個封建和半封建土地關係的中國則依然不變。這個由於帝國主義而發生的中國工業化過程的特徵是這樣的：三億農民不少於百分之五十的工作成果受到剝削，這種剝削來自三個主要渠道：第一個渠道是貿易資產階級，鄉紳和軍人等等，農民在他們擁有的土地上做僱工或為佃戶，繳出收穫的一半，而且要在鉅大的政治壓力下勞動。第二個渠道是租界中帝國主義者聯合經營的企業。第三個渠道是帝國主義者利用其在經濟和金融方面的優勢地位進行搾取，他們掌握這種優勢地位已經將近百年了。

在這裏產生了帝國主義者與所有中國落後制度的、也就是他們封建和半封建土地關係的剝削者之間的共同利益。因此在中國由於帝國主義者而發生的工業化過程就不是進步的，而是具有極端的掠奪性的性格，並且根本沒能摧毀中國社會那個落後的、百年多來的基柱。

在中國工業化過程中，也就是在租界的工業化過程中出現的無產階級，不可避免地要感受到兩種束縛：一則他們是一個被剝削的階級，一則是他們遭受在中國領土上的外國資本及其國家機構的壓迫。中國無產階級的鬥爭具有一個無產階級和一個被壓迫的中國人的鬥爭性格。

另一方面，中國的資產階級不是給帝國主義做經紀人（買辦），就是參與他們的合資企業共同經營而致富，從而出現了所謂民族資產階級。這時還不能把他們視為純粹的民族資產階級。儘管如此，他們已經從事剝削本國的無產階級（一方面他們有意維持現存的土地關係，因為他們自己就是地主。另一方面他們還沒有澈底脫離他們的買辦本質，因此還不是一個能對帝國主義進行堅決鬥爭的力量，即使是對關稅自主這樣的問題）。

站在這樣一個無產階級前端的黨，就不可避免地要對來自外國的束縛，同時也要對自己的民族資產階級進行鬥爭。這種情況只能驅使它與有意從外國的桎梏中解放自己國家的一切團體和社會階層團結一致。

在這種情況下，黨在行動上是極端困難的；黨既要保持階級的純潔性，同時又要聯合非無產階級分子對外國的壓迫進行鬥爭。運用縱橫捭闔之術，黨要有經驗，也就是要在諸多戰鬥之中磨練成熟。在運用這種策略方面，有許多理論家栽了跟斗，許多黨犯了不少錯誤。這種經驗是從長年的實際工作中得到的，是為諸多錯誤而付出的代價。

中國共產黨是在一九二〇年著手組織的。上面我提到，我們是在一九二三年九月前往中國。中國共產黨已經存在了三年。在這三年中，中國共產黨的主要任務是領導知識分子對帝國主義進行鬥爭。除了一九二二年香港的經濟罷工和平漢鐵路罷工之外，可以說，中國共產黨在這三年中沒有參與群眾運動。因此，在一九二三年九月，如果我沒記錯的話，在廣東，特別是廣州，祇有三十五名至五十名共產黨員，也就不足為奇了。在全國，如果我還是沒有弄錯的話（我強調「如果我沒有弄錯的話」，是因為當時很難得到確實的數字），有九百五十名黨員，根據另一資料來源不超過二千人。

中共黨人，如果以我在廣州接觸過的那些人來評斷的話，對於他們為什麼會成為共產黨員一節，還是非常模糊不清。我所談的，不是那些群眾分子（在三十五名至五十名黨員中有幾個是工人），我所指的是黨的最高領導，他們是我接觸過的落後的共產黨人之中最落後的。談不上有任何有關馬克思主義書籍的中文譯本。對於列寧主義，他們只知道列寧創建了工農政府。至於我們革命的歷史以及工農政府鬥爭的歷史，他們更是一無所知。就算在他們之中有讀過某些馬列主義書籍的人，也不能從馬列主義的立場來解釋中國正在發生什麼。

你們知道，中國人民的大多數是農民。但是你們會感到驚訝，如果你們聽到：〔在中國〕連一本關於農業問題的書籍都沒有！如果你們翻閱當時出版的書籍，將會找到很多關於林肯和華盛頓的記載：他們何時出生、何時結婚、幹些什麼。但是你們不會找到一行有關中國農民如何活著的文字。至於工人階級也是如此；對於中國的無產階級是什麼一節，他們有一種非常模糊的想法。

在世界革命的時期，也就是在蘇維埃政府為其安全而進行堅決鬥爭的時期，來自知識分子行列的一些對自己的處境不滿，對群眾的處境不滿，以及對自己國家的處境也不滿的團體浮出表面。

我還記得，在有關中國共產黨人是什麼的爭論方面，有些人說：他們是國民黨左派，是那些在我們抵達之前過著苦日子的國民黨反對派。共產黨就是從那些在國民黨內找不到任何革命工作的最年輕的分子中所產生的。

基本問題

同志們，當時我們所面臨的問題是，如何在中國創建一個真正的共產黨。這是主要任務。我們不是要走小組性質之路，把共產黨人納入諸多小組，傳授馬列主義，就是要把這個年輕的黨投入群眾，以期在群眾鬥爭的過程中錘煉成為一個真正的黨。我們選擇了第二條路。

四年來的群眾工作與廣大群眾行動的結果是，中國共產黨已有五萬黨員，不包括共產主義青年團，它已經是一個具有鉅大雖然還不是非凡影響的政黨。但這並不是說，中國共產黨已經是一個能夠立足在廣大群眾前端和領導這些群眾奪取政權的政黨；直到今天還不能從這個視角來看中國共產黨，它必須還要經歷更大的體驗，特別是在如何領導群眾名副其實地走向「無產階級」專政這方面。中國共產黨非常快的獲得了這種經驗，但也犯了一連串的錯誤。

在解決如何在中國建立一個真正的群眾政黨這個問題上，我們所面臨的問題，當然是中國共產黨與國民黨的關係。

在上面我已經提過，當年國民黨〔的處境〕是苟延殘喘。從一九一一年推翻滿清王朝到一九二四年初，這個黨已經喪失了它的形象。孫中山從 HONAN 島上（在廣州附近）宣揚三民主義——民族主義、民權主義和社會主義——以及五權憲法。但是他並不擁有政黨，只有信徒，而且是向四面八方分散的信徒。但在中國，孫中山享有不可思議的權威；他是中國革命之父，是打垮滿清王朝和打過袁世凱反動勢力和其他軍閥的〔革命家〕。

我們必須確定對這些勢力的關係，雖然他們還不是嚴格意義的政黨，但他們呈現了小資產階級和失去社會地位的知識分子等等的實際力量。所有這些團體都形成一個強大的實際力量，而孫中山又在他們之間享有最高的權威。首先，我們要創造能夠推展群眾運動的條件。同志們，在各位面前打開這個擁有四千萬人口的廣東省地圖看看，用手指隨意指向一點，你們就會指到任何一個軍閥的指揮部。軍閥與士紳結合，而士紳又最恰當地反映了中國的封建和半封建制度。在這種條件下，推展任何一種廣大的運動似乎是不可能的。

這三十五名至五十名共產黨人，根本無力打倒團團圍住有四千萬人口的廣東省的整個反動勢力，同樣，在整個中國的千餘共產黨人，也是無力對付密集全國的軍隊。首先，廣東必須從包圍它的反動勢力中解放出來。對於整個中國也應如此。

以京漢鐵路罷工的後果為例，你們可以看到，即使是工人的經濟罷工所遭遇到困難是何等鉅大。軍閥——與任何其他近代的國家機構不同——就在當地，他們直接控制各自的領土，在整個的領土上佈滿了橫行暴虐的士兵。當時看來，最迫切的主要任務是，在廣東清除這些〔反動〕勢力，並為推展群眾運動建立一個基地，然後再在其他省份進行同樣的工作。如果當時我們沒有這樣做，如果我們沒有創造發展群眾運動的條件的話，那麼中國問題今天就不會有如此尖銳的和正面的形象。

在中國，有些共產黨人，他們以小組的形式到處瞎忙（在莫斯科這裏，我們在一個非常好的馬列主義學校訓練了一些中國人，他們是優良的、純潔的、堅定的共產黨人）。在這種情況下，可能直到今天還不會有任何群眾運動。中國的處境可能還是老樣子，一成不變。因此也不會有嚴格意義的中國問題。對我們來說，中國問題幾乎是與印度問題不相上下。

為了為群眾運動的發展創造條件，並為了使中國共產黨能在群眾運動中鍾煉成為一個真正的群眾政黨，就必須與在孫中山領導下的國民黨結成聯盟，共同打擊中國中世紀的反動勢力。尤有進者，國民黨必須獲得援助，多少要成為一個有組織的力量。否則國民黨就不可能在解放廣東的領土以及在此後從軍閥手中解放將近半個中國方面有所貢獻。

但是國民黨賴以支持的力量，還無力創建一個能夠領導對具有優勢的反動勢力進行鬥爭的政黨。從資產階級和失去社會地位的知識分子那些階級中，也不可能產生出真正能夠創建一個政黨，並且領導這個黨來對那些反動勢力——也是我們的障礙——進行鬥爭的分子。

共產黨人必須承受這個任務，共產黨人必須加入國民黨，在國民黨內成為國共合作和組織所有我們可以利用的人士的主要楨桿，以期為群眾運動舖路。

為了確保群眾運動的發展，共產黨人在加入國民黨時對國民黨提出了條件，也就是確保共產黨人是在群眾運動中的領導力量。共產黨人對國民黨說：為了你們可以在民族革命運動中扮演一個角色，並且能夠實現你們的領袖多年來所宣傳的主義——民族主義、民權主義和社會主義，你們需要一個適應人口中最廣大的群眾需求的綱領。除了這個綱領之外，也要有一個相應的策略和武裝力量。而且是一個能夠對反動勢力進行鬥爭的黨的軍隊。

由於這些建議，在一九二四年一月發展成為國民黨改組的時期。第一次黨代表大會通過的，並且有共產黨代表參與的政綱，對於孫中山的三民主義予以確認。政綱指出：在滿足工農日常及其一般經濟、政治需求的基礎上，只有工農投入革命運動，三民主義的實現才有可能，因此，國民黨首先要以工農群眾為指導方向。這樣就在某種程度上為無產階級在民族革命運動中打開了通往領導地位的大門。至於實現三民主義的方法一點，在這裏清楚地提出了所謂三大政策或三大策略：㈠聯共，㈡工農政策，㈢聯合蘇俄政府。

國民黨改組之後，我們就在這個政綱及上述策略的基礎上，進行了革命軍隊的組織工作，也就是一般所知道的「黃埔」這個名字。

國民黨領導對買辦資產階級進行武裝鬥爭

在國民黨改組之後，緊接著發生的事件是什麼？國民黨改組之後，在英國帝國主義影響和領導之下的買辦資產階級就在廣州反對我們。這個資產階級當時有能力武裝自己，形成對國共聯盟和對無產階級、農民、小資產階級及革命的知識分子聯盟的一個公開的挑戰。當時似乎已經到了決定關頭，不是改組的國民黨與這個武裝的資產階級進行妥協，就是國民黨打垮這個武裝的資產階級從而滿足期望。

假如當時國民黨搖擺不定，假如當時國民黨跟這個資產階級達成妥協，那就非常明顯而且是可以理解的：在這種條件下，就不能依賴利用國民黨來進行群眾運動，來發展中國共產黨。在這個緊要關頭（那是一九二四年中），如果要解除聯盟關係還是可能的。但是，國民黨當時的表現不是搖擺不定，它冷靜地把自己投入反對這個武裝資產階級的鬥爭之中，同時對這個資產階級動用重炮——在中國簡直是聞所未聞，而且不怕火燒他們的貿易地點（西關）。

武裝的資產階級被國民黨打垮的這一事實說明，與國民黨結盟一節，我們沒有搞錯。在解除廣州資產階級的武裝之後，在廣州和其他城市展開了從未有過的、空前的工人運動。一九二四年底，我們已經擁有實力來對付省內各地資產階級的主力，對付廣東地主的武裝力量，特別是對付陳炯明。陳炯明被打垮了，這又使在陳炯明統治下的省內各地群眾運動的發展獲得了莫大的機會。

孫中山之死與國民黨內的小團體

當對陳炯明這個資產階級和地主的武裝力量進行鬥爭的時候，孫中山北上，不久逝世。孫中山之死所帶來的後果是，國民黨作為小資產階級政黨所特有的那些矛盾，浮出表面。

國民黨的右派分子開始粉墨登場，在北京成立了一個自己的黨團，自己的俱樂部。這個俱樂部的綱領，不是一個「俱樂部」的綱領，倒不如說是一個政黨的綱領。右派國民黨人的工作，一直到一九二六年初他們在上海開會成立自己的中央委員會才結束。

另一方面，在孫中山死後不久出現了有名的戴季陶主義，一個為在黨內組織中派鋪路並代表中層資產階級利益的理論。這個理論說：在中國，階級鬥爭派不上用場，孫文主義也拒絕階級鬥爭；同時指出：「知難行易」，群眾要學習「知」。以後我們才澈底瞭解戴季陶主義在這一方面的意義：群眾必須走進學校，學習安靜，也就是資產階級要爭取獨立。

最後，還有像汪精衛那一類的左派分子。他們拒絕戴季陶的理論，也傾向接受我們的看法：要想中國從帝國主義那裏獲得獨立，從中世紀的束縛中解放出來，就必須首先要農民階層從封建和半封建制度的殘餘中解放出來，而農民的自我解放只有在農民自己積極參與他們的解放事業和成為中國解放運動——也就是階級鬥爭的主要槓桿之一的情形下，才有可能。

當然，我們在國民黨內就是要與這些左派分子結成聯盟，並與他們攜手進行對右派及中派的鬥爭。與左派聯合，使我們在群眾中完成了鉅大的工作。

如果我說：與左派聯合，那並不表示左派分子也跟著走進工農群眾之中，並且在群眾工作的實踐中證明他們對中國國民革命的看法跟我們的看法完全一致。不是的，他們並沒有到群眾中去，但是他們也沒有阻礙我們搞群眾工作。不僅沒有進行阻撓，而且國民黨中央委員會及其常務委員會的多數完成了所有由共產黨在群眾某程度的影響下提出來的任務。

在孫中山逝世之後，勝利地結束了在他生前就已經開始對陳炯明的討伐。此後又展開了對廣東境內黷武主義殘餘勢力的戰事，也就是雲南、廣西的小集團。一九二五年六月十二日滇桂軍潰敗，廣東省獲得統一，並成立國民政府。在國民黨中央領導下的國民政府，對於工農群眾運動的發展沒有給予任何阻礙。一九二五年六月二十一日，英國人在廣州街頭槍殺中國人，這足以證明，國民黨自一九二四年改組以來，群眾運動已經觸及英國帝國主義擁有四千萬人口的後方（廣東）的利益，並使它不能坐視在中國共產黨領導下迅速發展的群眾運動到了這般程度。

各位知道，香港和廣州的工人在這之後不久發生的罷工方面發揮了多麼鉅大的作用。香港和廣州的工人對香港施行了在形式上無懈可擊的封鎖。在有四千萬人口的廣東和包括整個有八千萬人口的香港的勢力範圍內，一切資源流通的生命動脈全被切斷。國民黨對十萬多工人提供了一片對帝國主義鬥爭的領域。同志們，如果廣州當時是在軍閥控制之下，而且是處於在國民黨與共產黨聯盟的基礎上進行改組之前的話，那麼這個反對帝國主義的鬥爭，在當時就不可能成為事實。

十萬多人打入廣東的領域之內。在那裏，他們得到國民黨所給予的不同方式的支援，他們也獲得在反帝鬥爭中一切發展無數共產主義學校的機會。

下面的事實可以說明確是如此。一九二五年五月底，當五卅慘案發生之際，香港與廣州的工人無法反抗帝國主義，因為當時廣東還在滇桂軍控制之下。六月十二日，當他們被擊潰之後，且在廣州清除這些軍閥之後，我們才有了一個反對帝國主義的基地。

在長達十六個月的時間，香港與廣州的無產階級對英國帝國主義進行了鉅大的鬥爭。他們不僅切斷所有由香港進入擁有八千萬人口的區域的生命動脈，還建立了一個強大的組織。事實上就是這個組織來調整經濟生活，處理廣東的金融事務，引導國民政府的外交政策，以及承擔司法及行政功能。罷工委員會等於一個政府。

在這十六個月裏，上萬的工人真正獲得了學習的機會，並為罷工工人建立了很多學校。只要是對於工人的群眾教育和革命培養是有益的事情，都做到了。上萬的工人分佈到廣東和廣西等地，在鄉村中傳播革命思想，在農民中進行宣傳，同時用協會方式組織農民。

國民黨中央委員會及其政治委員會變成了罷工委員會的祕書處。在政治委員會中我是顧問，因此我知道（在紀錄中可以查到），國民黨中央政治委員會實際上已經變成了罷工委員會的祕書處。共產黨人利用這種情況，廣大的群眾也利用這種情況。當時在廣州上萬的工人就在這樣一個出色的革命學校完成學業；不僅是在教室，也是在實際生活中。這是在中國從來沒有過的事情。

當外交部長陳友仁必須與帝國主義的代表進行交涉的時候，他首先要聽取罷工委員會的意見。但是在代表大會討論這個問題之前，罷工委員會並不表示意見。有六百至八百工人代表經常開會，而且每一個問題——例如是否要封鎖臺灣——都要提到代表大會討論，由工人說明如何處理。

沒有一個工人會忘記這種教育。在中國工人的鬥爭歷史中，他們有過一次獲得權力；他們曾經獲得權力，而且也瞭解權力的意義❷。

廖仲愷被刺及對反革命的進一步的鬥爭

同志們，不言而喻，這種的運動勢將引起反彈。這種反彈既來自英國帝國主義這一方面，也來自在成長的群眾運動中看到對自己有致命危險的那些階級。另一方面，這種情勢又引起在廣東已經存在的那些小團體的強化或是導致他們的重新組合。昨天的中派胡漢民，今天就偷偷摸摸地支持右派反對群眾運動。以許崇智為首的廣東軍隊，昨天與我們共同對地主和買辦資產階級的武裝力量進行戰鬥，但是今天就被群眾運動的成長與性格而嚇倒了，從而公開地或祕密地支持運動的敵人，包括帝國主義者。

但是，在國民黨內共產黨人與左派的聯盟還是夠強大的。中派害怕反動勢力還甚於群眾

---

❷ 原註：「當時我們能夠把工人的代表大會變成一個蘇維埃嗎？對此我們是力不從心。強大的反動勢力控制全國。在廣東雖然我們已經擊潰反動的武裝力量，但在各地的運動的發展，還不能令人滿意，還不能對封建主義進行堅決的鬥爭，還不能對士紳及地方勢力進行堅決的鬥爭。對此我們還不夠強大。」

運動及共產黨人，他們自己還無力扮演一個獨立的角色。在一九二六年三月二十日他們才嚐試扮演這樣的角色。到那時為止，我們還能夠共同攜手打擊反動勢力和帝國主義。

一九二五年八月二十日，黨代表、財政部長及國民黨工人、農民兩部部長廖仲愷（在這裏應該指出的是，這種身兼數職的情況說明缺少可靠和有經驗的人才），被在英國帝國主義和買辦階級代理人指使下的兇手行刺身死。

偏偏是國民黨的黨代表被刺殞命，應非意外。就是這個軍隊——廖仲愷是它的黨代表——對在廣東境內的反動武裝力量進行了主要的鬥爭。財政部長被刺殞命，亦非意外。因為封鎖香港這個英國帝國主義在太平洋上的堡壘時，廣東的財政初次開始從對英國帝國主義的依賴中解放出來。在封鎖之前，根本談不上還有中國財政，因為它完全被控制在英國帝國主義者的手裏。在封鎖期間，廣東財政從在孫中山領導下每月三十萬元增加到一千二百萬元。國民黨的農民部長被刺殞命，亦非意外，子彈是對工農運動而發的。

在廖仲愷被刺後不久，我們就對廣東的反動勢力給予沉重的打擊。在對即將出現的反革命進行鬥爭的旗幟下，我們還能夠與中派共同對廣東的軍隊及右派從事大規模的反攻。如果我們以前在廣東的反動軍隊中只打垮了陳炯明，如果我們以前只解決了滇桂軍閥，那麼在廖仲愷遇難之後，我們又打擊了昨天還與我們攜手合作的軍隊。以許崇智為首的這個廣東軍隊代表士紳和買辦資產階級的武裝力量。對這個武裝力量進行鬥爭，是我們對謀殺廖仲愷的答覆。一九二五年八月二十五日夜，他們在廣州被解除武裝。胡漢民被監禁，許多右派分子被捕入獄。

中派醞釀遏制群眾運動及共產黨

從現在開始，群眾運動更見成長，從這裏也明確的顯現了無產階級與農民階層在國民革命運動中的主導地位。如果我說：工人對帝國主義進行了英勇的鬥爭，那就清楚地表示，工人不會只停留在反對帝國主義的鬥爭而已。工人群眾不能為了國家解放的利益而對帝國主義鬥爭，從而忘記他們自己的日常需求。接著而來的反對資產階級、甚至反對小資產階級的罷工浪潮，明確而具體的表達了這一事實。除了省港大罷工之外，也展開了一連串的要求縮短工作天及提高工資的罷工浪潮。工人更採取進一步的行動。他們發動鬥爭要求參與企業領導或是所謂工人監督。香港大罷工的結果，使工人覺察到一種鉅大的力量，就是這種力量使他們投入改善他們經濟情況的鬥爭。

工人的這種鬥爭，中派的戴季陶理論者認為這是對微弱而且不夠鞏固的資產階級基礎的一種威脅。根據戴季陶的看法，工人還沒有足夠的準備採取行動。他又重提孫中山的名句：

「知難行易」；工人要接受教育，學習懂事，然後才能行動。實際上這是否決階級鬥爭。此外，中派的理論又把孫中山和儒家扯在一起。其結果是，就如一九一一年那樣，國民黨的領導人在明陵前鞠躬作揖，不與過去一刀兩斷。此種作為的根源是中世紀封建和半封建土地關係。事實上，一方面這是對於農民運動的批判，另一方面也是對於工人運動的批判。於是在這個理論的基礎上，出現了孫文主義學會，它真正追求的目的是，遏制無產階級和農民階層在國民革命運動中以及中國共產黨在此一運動中日漸成長的主導地位。中國共產黨在擴大的群眾運動中成長。此外，中國共產黨也擁有自己的、而且為數可觀的參考書籍：給工人看的報紙，特別是給農民閱讀的機關刊物，不是一個，而是有很多個名稱，如「農民」、「犁」，月刊週報——所有這些都表現了他們的自信心及其力量的增長。

就像右派在孫中山逝世之後在北京成立了一個俱樂部那樣，右派現在被迫要成立一個黨派——孫文主義學會，因為他們在國民黨內已經失去了立足之地。無論是在何時何地，他們總是蹤上共產黨人，不是公開的，就是根據黨的授命祕密工作的共產黨人（就是在兩黨關係最佳的情況下，我們在國民黨內既是公開地，同時也是祕密地進行工作。這是說，我們對於國民黨的未來不抱有任何幻想。在國民黨內，我們總是有一些同志祕密工作）。

孫文主義學會開始關注所有在國民黨內（一如他們所說的）過火的群眾運動，以及中國共產黨的過速成長及其影響。

孫文主義學會的先鋒之一是蔣介石，先是祕密地，接著是公開地。不談他的革命空話，從一九二四年的事業開始，他就是在國民革命運動中資產階級擁有主導地位的捍衛者，他沒有改變。在這一方面我們沒有任何幻想。我們從他那裏所能得到的一切是，要他把他的資產階級革命進行到底。我們知道，把革命進行到底是說，必須完成無產階級和農民階層取得政權的轉變。正是資產階級這種對於無產階級和農民階層即將獲得主導地位的畏懼，說明了中派終於在一九二六年三月二十日發動一次政變的企圖。

一九二六年三月二十日中派奪權的企圖

關於三月二十日，有幾種不同的說法。請允許我一一提出。

一、以蔣介石為首的新軍指揮部企圖擺脫黨的經常性的監督以及黨代表和政治部主任的約束。

關於這一點，要補充幾個軍事的和政治的要素。在國民黨改組的同時，軍隊也在新的基礎上進行組編（黃埔）。這個軍隊無論在質或量的方面都日漸成長。與此同時，工農運動的發展更快。國民黨也在成長中，而且在國民黨內，共產黨人扮演了主要角色。在群眾運動方面，共產黨人又有絕對的影響，就是黃埔軍隊〔軍校〕也集結了共產黨人（我們當時把所有能從其他省份調來的人都投入黃埔軍隊。即使是一個有十、十五或二十個共產黨人的小團體，如果能從群眾工作中調動的話，我們也把他們投入黃埔。他們在這個軍隊中發揮了相當可觀的作用）。

這種情況的後果是，為了政治上和軍事上的要素而爭吵不休，也就是在中國哪一個要素要佔主導地位。就黨的角色而言，是黨開始透過政治部主任及黨代表對軍隊加強監督。因為這個關係，為了擺脫國民黨的監督、群眾運動和共產黨人的壓力，軍隊就不得不搞政變，以免使自己陷入澈底的黨的監督之下。

二、共產黨人在軍中日漸增大的影響及其倒蔣、劫蔣去海參崴的企圖。

在這裏出現了有所謂俄國同志參與陰謀的說法，一個以逮捕蔣介石為其結果的陰謀。換言之，有人要把蔣介石劫上一艘軍艦，送往海參崴。這也是蔣介石用來對付陰謀者進行突擊的藉口。

三、資產階級先是利用戴季陶及孫文主義，然後於三月二十日透過以蔣介石為首的軍事力量來打擊在共產黨領導下無產階級和農民階層在國民革命中取得主導地位的努力。因為資產階級自己要取得此一主導地位，就不得不壓制群眾運動，並從身邊擠走中國共產黨。

四、中派的戴季陶和蔣介石，還有資產階級的意識形態，企圖打垮國民黨左派與共產黨人的聯合，也就是在一九二六年一月國民黨第二次代表大會時所形成的無產階級、農民階層、城市小資產階級以及失去社會地位的知識分子（汪精衛和中國共產黨）的聯合。

五、這是一個純中國的、中世紀的說法：中國還不夠大來養兩個偉大的兒子蔣介石和汪精衛。因此其中之一必須退出。汪精衛走了。實際上這是說明，當政治的要素與軍事的要素衝突之際，勝利屬於後者。

六、一個包括維廷斯基、拉菲斯等共產黨人的說法，也是中世紀的：共產黨人在國民黨內獵取職位；突出自己，不讓國民黨左派取得重要職位。他們沒搞清楚，三月二十日事件不是奪取職位的鬥爭，而是反抗在城市和鄉村中成長的群眾運動。三月政變派的成功，實際上就是群眾運動的衰退。

同志們，三月事件時期我不在廣州。我在北京，並於此時企圖爭取馮玉祥到我們這邊來。張作霖及其他北方軍閥對北京施加壓力。如果馮玉祥接受推翻段祺瑞成立一個臨時政府的建議的話，他是可以截斷北方軍閥的。我們告訴他說，這個臨時政府是會得到我們來自南方的支持，也會得到中國人民廣大群眾的支持。當時馮玉祥沒有接受這個建議。他認為最好還是前往莫斯科，「成為一個工人」是必要的。他說：「在我們這裏，從宣傳中學不到東西，要有切身體驗。如果我去莫斯科，在那裏成為工人，那人家就會說，工人手藝還不錯。」

三月二十日事件發生之後，我就前往廣州，以期就地瞭解發生了什麼事情，要做的事情又是什麼。

關於三月二十日事件發生的原因，蔣介石只提出下面這一點：有人要逮捕他，用一艘軍艦把他送往海參崴。代理艦長〔代理海軍局長〕是一個共產黨員，站在蔣介石他這一邊兒，並且供認，他是被人用來實現陰謀的工具，並稱汪精衛也參與了這個陰謀等等。

我仔細地聽他說的話，當然我非常清楚，其實這與陰謀倒蔣無關。事件表明，契機已經到了。因為這個反對曾經給資產階級造成障礙的反動勢力的鬥爭，已經由於群眾運動與中國共產黨的成長蛻變而為我們之間的鬥爭了，蔣介石現在就是資產階級的代理人。

此外，三月二十日的政變是怎樣表現出來的？這個政變又與華中的政變〔四一二上海清黨〕有何區別？為什麼在這裏的回答是：「不是決裂」，但是到了長江時我們就跟蔣介石決裂了？

三月二十日政變與上海政變的區別是，前者一點都沒有觸及我們對工農運動發展的前途。這個政變不是直接對著擁有鉅大權勢的罷工委員會而來的，這個政變也不是直接對著群眾運動而來的。客觀上，這個政變當然是反對工農運動的，但事實上它根本沒有剝奪我們一成不變的繼續迄今已經進行的工作的機會。具體地說，三月二十日所觸及的問題是：共產黨人是否應該在國民黨內繼續行使權力。共產黨人從加入國民黨時開始，就抱有一定的目的，也就是利用所有機會在群眾運動發展的過程中來擴展自己。因此，在這種機會存在的情形下，共產黨人對於在國民黨內的職位分配問題上是可以讓步的。

有一段時間，由誰來擔任國民黨組織部長，對我們來說是非常重要的，因為有國民黨組織部長的協力，我們才能進入鄉村，才能到群眾中去。但是，現在我們就不一定需要組織部，沒有它我們自己也可以辦到。在群眾中，我們已經穩住陣腳，因而可以在國民黨內放棄這個或那個職位，並且說：「這個職位請拿去用罷。」

把一個共產黨員從他的職位調走，不會給我們增加任何困難，因為對我們來說，這個職位已經失去它往日的價值。我們可以在對我們的基本工作沒有任何損失的情形下，解除些許共產黨人的職務。因此，我們在三月二十日至五月十五日全會〔國民黨二屆二中全會〕期間，就開始在國民黨內職位分配問題上從事退讓的準備。在全會上，我們接受了妥協，從而獲得了機會，繼續省港工人對帝國主義展開的鬥爭。我們也獲得了機會，繼續當時已在各省展開的罷工行動和組織農民協會。解除這個或那個共產黨人在國民黨內的領導職務，絲毫沒有影響我們發展、深化革命運動的機會。

如果我們當時沒有接受妥協，那就表示三月二十日事件是我們與國民黨合作的結束，那等於我們在一個省內輸掉了，被擊潰了，也失去發展有如北伐結果那樣的群眾運動的機會。省港大罷工勢必遭受空前的打擊而結束。罷工運動的浪潮也將消退。在廣東省內難免要發生大規模的內鬥，我們也勢將被反動勢力和帝國主義壓死。帝國主義者所期待的，就是我們對中派不做任何讓步，甚至在國民黨內佔有這個或那個職位這樣無關重要的問題也應如此。這樣，反帝鬥爭就會失敗，也使他們有了藉口，侵入廣東，消滅花費很多精力而獲得的成就。

一如我們在廣州那樣，我們也要努力取得在其他省份進行工作的機會。如果我們不能在中國一個僅有的——當然是極端重要的角落站住腳的話，那我們就失敗了。不問代價如何，我們必須進入其他省份，在那些地方發展我們能夠依賴的廣大的群眾運動，而且是在我們跟三月政變派進行鬥爭之前。

如果今天我回想當時的整個情況，並且問我自己：我們當時犯了錯誤，我們當時應該對中派說：「我們與國民黨的聯盟到此為止。再進一步我們是辦不到的。」我的結論是，我們的做法是正確的。我在當時也本能地覺得這是對的。因為首先必須要在廣東省以外喚起廣大的工農群眾，組成行動隊伍；從冬眠中搖醒他們。在三月二十日事件發生後馬上對中派進行鬥爭，勢將使我們遭受失敗。對廣東的回憶也將一如對〔德國〕巴伐利亞共和國的回憶一樣——也許還不如它。無論在廣東的任何一個地方都可以看到群眾的偉大的嚐試：起來反抗，把他們的國家從中世紀中引導出來，從帝國主義手中解放出來。但是此一嚐試也勢將落空，暫告結束。

此後發生的諸多事件完全證實，當時對中派所做的、無關緊要的妥協是正確的。三月政變派未能解決我們，也同樣不得不做些讓步。對他們來說，同我們決裂也是不利的；他們很瞭解，不僅是我們，他們也要同歸於盡。因此，在某種程度上，我們雙方達成維持統一戰線的默契。三月政變派要取得華中資產階級的當然基地，我們共產黨人則要在華中全力發展工人運動。進入中原，進入工業中心；這對雙方都是有利的。就是因為一方面要在其他省份全力發展工農運動，另一方面要取得資產階級自己的基地，北伐於焉開始。

關於北伐

進行北伐所要追求的目的是什麼？

在革命的基本問題上，革命與反革命的決定性的衝突已經是不可避免的了。在這種意義上，廣東的群眾運動已經達到高潮。但是，同三月政變派共同攜手進行此一決定性的鬥爭，已經沒有可能了，因為我們在與左派的聯盟中的力量微不足道，其他省份的群眾還有待投入行動。在這一問題上，使人想起我們自己在經由華沙進入歐洲的軍事行動方面的諸多思考。當時我們的想法是這樣的：如果此一軍事行動獲得成果，在歐洲會出現無產階級革命，對於將來我們可以高枕無憂。如果此一軍事行動沒有成功，那就不可避免地要施行新經濟政策。如果此一新經濟政策在蘇俄被用為建設社會主義的槓桿，那就特別說明，我們有一個強大的無產階級的政黨，這個黨在施行新經濟政策時早已大大地解決了反革命。

我無意把我們在這一方面在廣東的所做所為與上述的諸多思考進行對比。但它確有其外在的相似之處。在廣東，我們所面對的問題是：把北伐勝利地推展到長江，導引廣大群眾的奮起，並從下面來解決三月政變派，或是我們留在廣東，在那裏在英國帝國主義和內部反革命的包圍中窒息而死。

最後，不論代價如何，我們必須走上中國群眾運動的廣大道路。在不能把北伐勝利地推展到長江的情況下，或是我們完全放棄北伐，那我們在廣東就不能穩住陣腳，因為我們不像俄國當年擁有那樣的基地和那樣的黨，我們注定是死路一條。對英國帝國主義的鬥爭，給它帶來了嚴重的傷害，但是沒有打垮它。不是向它投降，就是要跟它進行鬥爭。——這是什麼意思？

香港和廣州的十萬多工人對英國帝國主義進行了長達數月的偉大鬥爭。此一鬥爭在很大的程度上動搖了英國帝國主義在太平洋方面的基礎。但是，英國帝國主義在中國，特別是在華中，還擁有足夠的力量，經得住在中國南部進行的反英鬥爭。因為這個關係，此一對英國帝國主義的鬥爭，不問代價必須擴大下去，而且是在它最易受傷害的地方——長江流域。在華南，特別是在廣州繼續進行對英國帝國主義的鬥爭，對我們來說，困難重重，投降勢所難免❸。

與北伐有關的一般形勢如何？

當時還談不上無產階級、農民階層和城市民主分子的民主專政。我們依然遵循共產國際第二次代表大會的提綱和一九二六年三月共產國際擴大全會的決議。至於第一次具體地處理我們在中國鬥爭的決議，也就是一九二六年十二月第七次全會的決議，是我們一直到〔一九二七年〕三月左右，在長江地區才收到這個於十二月在莫斯科通過的決議❹。這是說，我們

---

❸ 原註：「我個人的看法是，在我們到達長江之前，罷工應該設法堅持下去。在長江那裏我們與無產階級聯合，可以取得在廣東對英國帝國主義鬥爭的勝利。但是我們中斷罷工，在某種程度上算是妥協。換句話說，當我們到達長江時，再來發動鬥爭。在這個空檔時期，可以休息一下，俾能重新奮起攻擊。」

❹ 參見第八章，53，頁二〇一。

已經走在由廣州去漢口的路上。在漢口，而且是在我們抵達後不久，帝國主義者及北方軍閥就等於宣佈對我們的封鎖。來自中國以及來自莫斯科的資訊陷於癱瘓，所有聯絡網路都掌握在敵人的手裏。突破這個封鎖是非常困難的。

在進行北伐時，我們提出的任務如下：

一、在農民為爭取權力及土地進行鬥爭的前提下，並且在城市無產階級進行階級鬥爭的基礎上，發展群眾運動。

二、此外，主要任務之一是，對帝國主義的鬥爭。為此必須在反帝的旗幟下把一切可以聯合的人都聯合起來。

三、軍閥小團體之間的矛盾必須用來削弱三月政變派的軍事力量。對於此一任務，我們要全力以赴，因為這完全是可能的。一直到那個時候，我們還沒有放棄利用所有軍閥小團體之間的互鬥。放棄此一任務的時刻還沒有到來。

四、加強並編列共產黨的部隊單位。譬如葉挺帶領從廣州出發作為北伐先鋒的那個團（國民革命軍第四軍獨立團）應該在北伐進行期間擴大成為一個師，如果可能，成為一個軍團。到處都有在我們影響下的軍隊單位，在可能的情形下，不但加強，而且還要重新編列。

以上是我們在北伐進行時期提出來的四大基本任務。第一項任務，擴大群眾運動，多多少少是滿意地完成了。至於第二項任務，對帝國主義的鬥爭達到了鉅大的規模；一九二七年一月，我們拿下了長江中游的英國租界。第三項任務，在利用不同的軍閥小團體來削弱三月政變派方面，也是成績斐然，因為我們利用了保定府派來反對蔣介石。當然我們非常清楚：蔣介石是什麼人；從經驗中我們也知道，在涉及到唐生智的情況下，能夠指望的又是什麼。至於第四項任務，擴大我們的軍隊單位，不盡人意。葉挺帶了一個團出發，到達華中時還是一個團。這項任務沒有完成。這項任務本來是可以實現的，因為在打垮吳佩孚、孫傳芳和其他軍閥之後，〔擴大〕武裝的機會是存在的。每位將領，不論他是屬於保定府派，還是屬於蔣介石的黃埔系，都竭盡全力招收人馬。當時的情況是，我們也有可能編制我們自己的軍隊單位。

我們隨著北伐前進。吳佩孚和孫傳芳的潰敗，使國民革命軍在上億的人們面前證實了舊制度依然存在和革命勢力的強大。同時——這與軍隊領導人的意願無關——也發出喚醒廣大群眾的信號，組織他們對殖民地的和軍閥政權賴以支持的基礎進行鬥爭。

在所有從吳佩孚和孫傳芳軍隊手中解放出來的省份中，馬上開始組織群眾，而且是速度驚人。但是，不可避免的隨伴現象是，階級鬥爭的尖銳化。在湖南，農民協會組織了一百二十萬人，在湖北三十萬人，在江西二十萬人。在城市中，工人和小手工業者自己到處組成工會；在武漢地區就出現了三百五十個工會，共有三十四萬會員。小商人、學生、婦女，即所有的社會階層開始進行組織工作。在廣州，此一運動更達到了一個新的水準。

這個洪流輕而易舉地沖破了在三月二十日對他們而設的人工水堤。我們多少也考慮到這一點。這個運動對準了一切含有敵意的阻礙：既反對外國帝國主義，也反對不能忍受的工作條件；在鄉村既反對經濟上的，也反對政治上的農奴制度。廣州和武漢三鎮工人的罷工浪潮——它也引起在其他城市類似的運動——以及廣東和湖南的農民鬥爭，事實上是從下面解決了三月二十日的政策。對於國民革命軍的勝利，群眾給予另外一個新的內容，也是許多軍事將領所不樂見的內容。在依靠群眾運動的情形下，共產黨人不僅爭回在三月二十日被奪走的崗位，同時也很可觀的擴大了他們的影響範圍，因為他們在所有收復的省份中領導群眾的、社會的、工會的和黨的組織。

但是，群眾的這種「向左急轉」，並不局限於收復的省份，也波及到廣東。從秋天開始，在國民黨內廣泛地展開了要求汪精衛復返的「左轉」運動，因為汪精衛的復返就是恢復三月二十日事件以前的政策。因此，三月二十日反對共產黨人和左派的政策，遭到失敗。同時也導致三月二十日事件的代表者蔣介石將軍和其他派系在權力上的削弱。北伐並沒有像蔣介石所宣佈的那樣：「為了完成民族任務，要忘記階級利益。」相反地，北伐使階級鬥爭更加尖銳。接著而來的是，在成長中的群眾運動與企圖遏壓此一運動的三月二十日事件的導播及其代理人之間的對立也就更加擴大。

對於三月政變的頭腦來說，還有來自另一方面的打擊在等著他：北伐也削弱了他的軍事領導。北伐進行期間，在國民革命軍的旗幟下，收納了很多軍事小團體。這些人根本無意在由三月政變領袖指揮的國民革命軍主力關係上，扮演一個從屬的角色。如果蔣介石真心有意站在成長的群眾前端，這些新的軍事小團體也就不會決心反對他。但是，由於三月政變派在政治上的孤立，這些新的軍事小團體才能輕易地利用在中國出現的情勢，並從總司令那裏獲得較大或較小的自主地位。利用成長的群眾來為自己的「獨立」立論，這不一定非是一個具有遠見的政治家不可。

在北伐期間，雖然軍隊在數字上有所增加，但是，由於政治上的四分五裂，特別是由於三月政變派的領導而大大地削弱了。這個時期所產生的後果是，三月政變派在軍中不再發生決定一切的影響，軍隊也因而在政治上分散了〔這是第一點〕。第二，群眾運動成長、鞏固，共產黨人和國民黨左派民主分子的角色也因而增強。第三，這種情況的結果是，革命民主有即將取得壓倒軍事獨裁的優勢，也就是斷然消除三月二十日的成果。蔣介石實際上也由一位獨裁者變成「將領之一」。北伐使三月二十日從三方面遭到打擊：〔三月二十日事件〕是一個針對群眾而發的政變，是一個反共的政變，是一個必然使政權轉移到一個軍事獨裁者手中的政變。

在北伐進行期間，由於複雜的軍事情勢和群眾壓力的不夠強大，使國民黨的軍事領袖、國民革命軍的全體將領，特別是三月政變派這些人能夠全神貫注地擴展純軍事任務，也就是打垮吳佩孚和孫傳芳，以及藉機加強自己的團體（「保定府」、「黃埔」，因為戰爭時期最利於「聚集武器」、「混入人群」）。因此，在長江流域結束軍事行動時，以及在福建方面且在由蔣介石領導之資產階級的、封建的國民黨派系取得決定性的勝利之際，他們又面臨八個月前就已經出現的問題。

此外，如果在北伐進行期間反對喚醒群眾，而且是冒著與共產黨人決裂和損及與俄國的友誼的風險，一定會有嚴重的後果，因為軍隊的權力還要依靠國民黨的權威，群眾的支持，共產黨人的宣傳及其軍事援助和他們在軍中的工作。但在北伐結束之際，對共產黨的需求也就減少，對共產黨人也可以使用另外一種語言。在北伐結束之後，也就是當在浙江不再進行軍事行動之際，三月二十日的問題與在北伐之前完全不同，又呈現出另外一副面貌。尤其是群眾運動本身的強大，因而變得更為危險。在國民政府的領域裏，有二百五十萬至三百萬農民在農民協會的旗幟下組織起來了。雖然在鄉村中的運動還停留在「最低口號」的基礎上，也就是各處在土地的基本問題還沒有以公開的形式出現的情況下，農民的要求日見升級。在民團與農民協會之間的鬥爭方面，農民掌握主動。當農民提出自己管理的要求，並且把鄉紳從鄉村中趕走之後，農民就把政治上的基本問題提上日程：權力問題。反對當道壓迫的處境和高利貸，抓住了農民的廣大階層。嚇得要死的地主和放高利貸的人訴苦說，他們失去了財產；由於我們的允許，他們比以前的剝削少了三分之一。

農民運動是一個新的嘗試的主要動機。在這一方面，特別新穎的，也特別觸及統治集團利益的是，在城市中運動發展的程度。

十一月和十二月上半月這段時間，在廣州工人與企業之間發生了大規模的衝突，在許多生產和貿易支線方面也有罷工。這種罷工的大部分具有經濟的性格，但是對政治情勢的影響仍是很大，因為大多數的罷工觸及了城市中所有攸關生活的神經。對於這段時期的衝突，必須特別指出的是：印刷工人的勝利罷工、經由政府仲裁而結束的銀行員罷工、SENSIR和SEN COMPANY的罷工、由於與政府公車司機的衝突而惡化且長達兩星期之久的汽車夫罷工、導致在汕頭毀壞公共汽車的人力車夫的騷動等等。

國民革命軍攻佔武昌之後，該地的罷工運動也頓見緊張。在一九二六年十月、十一月和十二月這段時間，進行了一百五十多起罷工，個體企業的小規模罷工還未計算在內。這些罷工不僅包括了外國企業——也涉及到少量的英國企業，其中一大半是小型的半手工業企業和商店。參與罷工的工人是：煙草工人、電氣工人、紡織工人、郵局職工、棉紡工廠工人、製革工人、鐵路工人、港口工人、屠宰工人、電話接線生、商店僱員、磨坊工人、糧倉工人等。他們的要求涉及提高工資、縮短工作天、改變資方對工人的關係等等問題。各地也都提出要求：工人只能經過工會任用或解僱。在廣州和漢口，工人都擁有真正的力量——工人罷工糾察隊的組織單位，他們保證對破壞罷工者進行鬥爭。

如果在廣州的工人運動所面對的是一個微不足道的、而且是一個由於香港罷工而四分五裂的資產階級的話，那麼在長江流域的工人運動就碰上了中國主要貿易動脈中較為強大的資產階級。這個資產階級很快地就開始組織對工人的抵制。有名的漢口商會的十一月決議就是一個反對工人的無限要求的最佳例證。在長江地區，資產階級的堅定態度必然要對以蔣介石為中心的統治集團發生影響。在鄉村，尤其是在城市，我們目睹快速增長的階級矛盾。如果上述統治集團堅持三月立場，這種矛盾就不可避免地要導致兩者的衝突；不是他們自己放棄三月政策，就是三月政變派針對工人運動再度建立一道圍牆。

客觀情勢是這樣的：三月二十日的騎士又面臨一個新的任務，要抽出劍來捍衛三月大旗。蔣介石一馬當先，因為三月二十日的重現，並不只是恢復他在軍中、黨內和政府的獨裁角色。

對於蔣介石來說，他要使自己強大到在汪精衛復返時迫使汪不能跳出他的掌心，——最好是汪精衛根本不要回來。蔣介石的個人問題，只有在解決整個政治問題的情形下才能獲得解決，因為由他領導的黃埔派系無論在數字上還是在內部結合方面都還微不足道。只有在上述的情況下，蔣介石才能突破這些框框，並且能夠確保某些傾向保定府派分子的支持。十二月初，蔣介石與李濟深互通電報，討論在廣東必須鎮壓工農運動問題，就是一個明顯的證據。

蔣介石派系，無論在客觀上還是主觀上都在準備一個新的嘗試，就是把運動導入另外一個方向。但是，使這個政變成為可能的決定性的要素，則是部分所謂「左派」的立場（以上所敘述的情勢，係引自一個關於一九二七年一月的報告，是同志們提供給我的）。不言而喻，我在上面所提到的群眾運動和中國共產黨的發展，必然要加強和加深早已在國民黨左派中間存在的不滿。

整個時間我們都在說，我們跟左派沒有結盟，直到三月二十日，我們是與左派共同掌握政權。我們在上面也說過，我們要在北伐進行期間解決三月政變分子，恢復三月二十日以前的情況。這些都是對的。但是在我們與左派聯盟的整個歷史中，左派對於群眾運動和中國共產黨的成長，時時刻刻都感到畏懼不安，這也是對的。我們也可以用下面的話來表達：「在心靈深處，他們不是很幸運的。」他們想要利用共產黨人，為了國民革命運動又要利用群眾運動，「然後我們走著瞧」。但是這個「我們走著瞧」無法擱置叫停。群眾從各方面施加壓力，共產黨人也強大不變，因此他們就不能把「然後我們走著瞧」長時間地拖延下去。

左派的行列開始分化，至少有兩個團體。有一個是積極爭取對無產階級和農民階層的領導。這個團體說：「整個時間中派都在訴苦說，只有共產黨人在群眾中發生作用。中派要求共產黨人要自動地放棄這種對群眾的壟斷性的影響。」這種事例也確實存在。戴季陶就跑來對我說：「共產黨人到處阻礙我們在群眾中的工作。」我回答說：在悲慘境遇中生活的上億人口，還沒有被捲入革命運動。針對群眾，如果你們能夠有一個相應的計畫，他們就會高舉雙手歡迎你們。為什麼你們總是抱怨說：共產黨人在群眾中怎麼會有如此強大的影響？但是這個對任何人都是顯而易懂的答覆，對戴季陶來說，就不是明白合理的。當時他要我們放棄在無產階級運動和農民運動中的影響。

上面提到的那個左派團體對他說：「共產黨人不要別人插手，光是訴苦是沒有用的。我們必須把共產黨人從他們在群眾中的崗位上趕走。」這個左派團體逐漸接近中派，終於成為事實。蔣介石在南昌想要依賴的，就是這個左派團體，這樣才能掩飾他的真正企圖。蔣介石必須說服這個團體，說他不僅無意反對我們，而且還同意汪精衛返粵復職。我所說的那些小資產階級的、精神渙散的、沒有原則的國民黨左派分子就這樣輕易地上了蔣介石的當。蔣介石也提出一點點保證：他不會成為國民黨左派的領袖。事實上，蔣介石是全心謀求清除左派的影響。為了表明他的誠意，蔣介石公開聲明：他贊成汪精衛復返。如此這般，蔣介石就澈底收買了這些左派分子。

在這個左派團體的同情和支持下，蔣介石開始醞釀，結束三月二十日以來的局面。

一九二六年底，國民黨中央和國民政府的一小組人馬及我們共同由廣州前往漢口，為國民黨中央和國民政府遷移武漢進行籌備工作。我們取道南昌，並在那裏與蔣介石晤面。在由我們召開的一次集會上，蔣介石表示同意黨中央及政府遷往漢口，這也是當時在廣州的決議。我們前往漢口，並且在期待黨中央及國民政府其餘人員前來的情況下，我們設立了臨時中央〔中央聯席會議〕。一月三日，黨中央和國民政府的其他人員路經南昌，在這些人中就有一些上了蔣介石當的人（國民政府主席和國民黨中央執行委員會代理主席就在其中）。蔣介石利用此一情勢，在南昌召開會議〔中央政治會議〕，雖然他並不擁有多數。漢口事前沒有得到任何通知。這次會議決定國民黨中央和國民政府暫駐南昌，不遷往漢口。

第二天，一月四日，當我們獲悉這個決議的時候，我們才瞭解所為何來。蔣介石要利用這個決議來實現他的企圖：一、使黨中央和國民政府遠離革命中心的武漢。南昌是一個小資產階級的城市，在那裏沒有或幾乎沒有無產階級，但在武漢三鎮則有十萬工人，和鄉村中有組織的農民聯合起來，構成一股革命洪流。使黨中央和國民政府遠離武漢，這是第一項任務。二、第二項任務是，從在南昌的黨中央和國民政府取得進攻南京和上海的同意。三、第三項任務是利用黨中央和國民政府駐在南昌的機會來改組國民黨，這是蔣介石自己在南昌和在廣東有李濟深協助之下已經進行的。四、第四項任務是，因為以唐生智為首的保定軍人派系在湖南和湖北可以利用在武漢的黨中央和國民政府來加強對蔣介石的鬥爭。

基本上，在南昌通過的決議使我們大為吃驚的，是下面的事實：蔣介石要利用黨中央和國民政府來進行對上海和南京的進攻。在整個北伐進行的過程中，我們的企圖是解決三月政變派，以及排除買辦資產階級和軍事將領取得主導地位的可能。蔣介石的企圖是，取得上海資產階級的基地，來加強他對我們的鬥爭。對南京和上海的進攻——這是我們所不願看到的，勢將提前破壞國民革命戰線，也就是在我們在國民革命運動中有充分準備扮演獨立角色之前。如果黨中央和國民政府在南昌留下，那麼這個軍事攻勢及其後果（一如蔣介石在上海進行的政變那樣）就會連累了整個黨中央和國民政府，也可以完全忘掉武漢時期。一切勢將在上海收場。但是事情不是這樣的。

革命要在解決三個主力的情況下，才能向上海推進：一、帝國主義，二、軍閥，以及三、一再背叛國民革命的資產階級。否則就要在兩個機會中出現一個：革命被打垮，就像太平起義也曾對這三個反革命勢力進行過鬥爭那樣。或者是革命的構成部分一分為二。三月政變派那一部分就必須要像一九一一年的國民黨那樣，一方面對過去低首膜拜，另一方面公開地或祕密地履行對帝國主義的義務，從而背叛無產階級和革命。在北伐進行之前，我就曾經談到此一前景。我說，只有在我們確信能夠戰勝這三個反動勢力的情形下，才能前往上海，否則我們的策略必須是迴避上海。我們必須把我們的視線放在華北和華西方面，不能重蹈太平起義的覆轍，在上海耗損自己。我們必須要先佔領北京，然後封鎖上海，就像我們封鎖香港那樣。在這種情形下，我們可以依靠全國廣大的工農群眾；用封鎖扼死上海，不必捲入與成千上萬裝備良好的外國軍隊、軍艦和機關槍等等直接交戰。必須封鎖上海，並且在適當的時刻用這種方式對帝國主義進行鬥爭；必須摧毀所有通往中國內地的經濟大門：香港、上海、天津等等。

如果蔣介石堅持駐守南昌，留住黨中央和國民政府，就是因為他要前往上海。在那裏，他並無意對三大反革命主力進行鬥爭，而是要取得他的當然基地，也就是聯合他的資產階級，與帝國主義達成共識，打擊工農運動。蔣介石是為了背叛而前往上海。

根據上述，政府的地點問題就不是一個技術問題。蔣介石想要證明的是：漢口在張作霖的威脅之下；南昌接近前線，因為總司令必須在前線附近，國民政府和黨中央也最好留駐南昌。這是我們所曾面對的一個最嚴重的問題。

因為這個關係，對三月政變派的鬥爭就是不可避免的了。如果有人問：同志，你不認為你們跟蔣介石的決裂過早？也許還能跟他再走上一段路程？我的答覆是：我們是在適當的時刻跟他決裂的。一九二七年一月三日，決裂已是箭在弦上。人們不能像托洛斯基在七月和八月指責我們說，我們始終抓住蔣介石那條腐爛了的繩索不放，因為在一月三日我們已經跟蔣介石一刀兩斷了。

當我們跟蔣介石決裂的時候，我們所寄託的是什麼？

我們首先建立了群眾運動，這是當然的事情；這段期間我們加強了群眾運動的發展。在這一方面不能說我們沒有全力發展群眾運動。我們擁有的數字證明，群眾運動是如何急如星火地發展起來。但是這還不夠，因為群眾運動還沒有對三月政變派的衝突作好準備。此外，群眾也沒有武裝起來。

有人會問：你們為什麼沒有把群眾武裝起來？我的答覆是：如果你們一方面被張作霖包圍，另一方面被沙漠（從馮玉祥的沙漠那裏沒有拿到一枝槍），第三方面被上海包圍，而且通往上海河流的每一段都被封鎖——不是被日本人就是被英國人或法國人監視，那麼你們就沒有任何機會獲得槍枝，不管來自何方。就算當時有可能武裝群眾，但也談不上跟正規的武裝力量進行鬥爭。我已經提及我們的錯誤。我說過，在北伐進行期間，應該從事武裝自己，而且這也是可能的。遺憾的是，這項任務未能完成。請你們相信，我們確是竭盡全力，不問來源謀取武器，但是微不足道。

除了為對三月政變派進行鬥爭而從事群眾運動的準備之外，我們也必須爭取在國民黨內不追隨蔣介石的那一部分人到我們這邊來，也就是爭取城市的民主分子。在什麼樣的口號下我們能跟他們建立一個反蔣聯盟呢？主要口號是：從軍事獨裁中救出國民黨。

在中國，有一個在數量上較為強大的民主階層，它的構成分子是小資產階級的貧苦階層、城市中的貧民、失去社會地位的知識分子、學生等等。如果時間允許，我可以對這個民主階層加以分析。從分析中你們可以看到，這個民主階層是一股令人欽佩的力量，是可以在「黨反對獨裁」的口號下把他們納入鬥爭的。在廣東和北伐進行期間，這個民主階層已經透過工人、農民、學生、商人、教師等社團納入了運動。從一九二五年就已經有了這些社團。

我們回頭來看看這個共和國過去十五年來的歷史。軍閥獨裁把人民帶到那裏去了？帶入聞所未聞的悲慘和絕境。鐵路與水路不通，到處都是土匪和橫行霸道的士兵。金融處於崩潰狀態，只有紙幣。老百姓繼續忍受軍閥獨裁，就更加深全國的混亂和破壞。當我們對這個民主階層，也就是國民黨左派說：站起來反抗軍閥獨裁，群眾和中國共產黨都會積極支持你們，是可以把他們爭取到我們這邊來。就是用這個口號我們把這個民主階層以國民黨左派的姿態納入了我們的行列。

同志們，在一個晚上報告這段時期的詳情細節是不可能的：即蔣介石自己如何逐漸在國民黨左派面前暴露了他的真面目。你們自己可以確信，蔣介石同意汪精衛復返是騙人的。蔣介石不可能掩飾他的真正企圖，從而在左派面前漸漸露出尾巴。這些曾經追隨蔣介石的左派分子，不久就棄蔣投奔武漢。因此在三月全會〔漢口國民黨二屆三中全會〕將要召開之際，也就是一月三日通過那個不幸的決議之後的兩個月，蔣介石是孤家寡人；在中央執行委員會中，幾乎沒有人再來支持他，蔣介石孤立了。

為什麼在國民黨中央執行委員會三月全會之前沒有解決蔣介石？

根據以上所述，應該可以明白，在一九二六年三月二十日之後，對三月政變派（中派）進行公開的和堅決的鬥爭，勢在必行。整個問題的核心是，何時並在何種情況下策動此一鬥爭。換句話說，此方和彼方認為何時開始或接受交戰是對自己有利的問題。這場鬥爭要在長江流域展開，是毫無問題的。因此，對於長江決戰，我們的準備必須是這樣的：不是我們在反對三月政變派的行動上採取主動，或是在任何時刻都有力擊退三月政變派的行動。

但是，當一月三日在南昌通過決議的時候——這個決議表示三月政變派對我們的進攻，我們還沒有反擊的準備。但是我們有充分準備要在武漢建立我們的中心和我們的橋頭堡，在那裏我們可以擊退三月政變派的打擊，在那裏我們也可以準備進攻三月政變派。三月政變派沒有使我們感到意外。這要歸功於我們黨的成就和貢獻。如果我們在一九二六年三月二十日對中派（蔣介石）抱有幻想的話，換句話說，如果我們沒有把當時跟他達成的協議視為暫時的停戰——這是在走上公開鬥爭過程上所不可缺少的措施——的話，那麼一月三日的南昌決議就會使我們感到意外。我們不可能有了武漢中心，也不會有發展反對三月政變派鬥爭的橋頭堡。

為什麼我們沒有準備，在南昌決議之後馬上給三月政變派以決定性的打擊，從而避免我們與武漢的分裂？——幾個月後那個無法避免的分裂，就是因為我們沒有在適當的時刻清除三月政變派？由於城市中的階級鬥爭和農民運動，尤其是在湖南，在我們與國民黨左派的武漢中心之間出現了一條鴻溝。如果我們能夠及時地把三月政變派清除，並且把城市的民主分子〔國民黨左派的武漢中心〕從軍事的、經濟的、財政的困境中解救出來的話，克服這條鴻溝是輕而易舉的。武漢陷入這種困境，是因為三月政變派利用長江下游封鎖武漢。

對於此一發展，我們由於下述原因，沒有準備。

一、這一年來我們都知道，對三月政變派的鬥爭勢所難免。但是在這整整的一年裏，群眾，甚至中國共產黨對這場鬥爭沒有從事任何準備。至於說，共產國際沒有這樣的思想準備，因而沒有發出指示要求對三月政變派進行鬥爭從事準備，這是似是而非的說法，頂多只能在對共產國際的派系鬥爭方面派上用場。

共產國際在一九二四年沒有發出指示，不可能發出對買辦資產階級的武裝組織進行鬥爭並動用重炮的指示。共產國際在一九二四年底沒有發出指示，不可能發出從事準備和進攻陳炯明的指示，不可能在一九二五年八月發出反對許崇智、胡漢民和其他人士的指示，不可能在廣州街頭槍殺中國人之後發出反對大英帝國主義的指示（共產國際獲得有關槍殺慘案的詳情之前，反英行動就已經開始了），不可能在一九二五年底發出進攻陳炯明（第二次）和項寇〔熊克武〕的指示。為什麼要等待共產國際對於是否應對三月政變派的鬥爭從事準備的問題發出指示？

一九二六年三月共產國際〔六次〕全會的提綱和一九二六年十二月共產國際〔七次〕全會的決議（這個決議，共產國際及時地發給中國共產黨，但是一直到一九二七年三月才送達漢口），當然還有共產國際的二十二條提綱，都澈底而清楚地決定了我們在中國的整個路線。從這個路線中，可以輕易地看出來，對開始轉變的資產階級進行鬥爭是必要的。此外，在當地還有共產國際的代表幫助缺乏經驗的黨在相應的情況下，運用共產國際的提綱和決議。

在黨和群眾對於在長江流域跟三月政變派要進行鬥爭的準備方面，中共中央和駐中共中央的國際代表做了些什麼？三月政變派在一九二七年一月三日引發衝突。在上海的中共中央同意我們對三月政變派的反抗，我們也毫不遲延的進行了反抗。但是在四月，手中握有武器的上海群眾卻為蔣介石這個三月政變者進入上海開路。是否一定要有指示才能瞭解為什麼同意武漢對三月政變派進行勢將轉變成為公開衝突的反抗，但同時又幫助三月政變派佔領上海，從而加強他們來反對我們？這不需要指示，這屬於基本革命邏輯課程。

中共中央的委員們「以為」，蔣介石會在有上海資產階級（有些中央委員認為是整個資產階級，另外一些則認為是小資產階級）支持的群眾運動中倒下去。對於這種幻想，張國燾、張太雷和我都曾發出警告，因此被他們稱之為「失敗主義者」（膽小鬼）。一月，我從漢口對中共中央提出建議，著手組織省民大會，特別是在湖南。中共中央接受了這個建議，但是一直到了五月還未見實現。

中共中央沒有準備，到了一月也沒有在群眾與三月政變派發生衝突這一方面做何準備。三月，當國民黨中央在漢口召開全會之際，上海還是毫無動靜。中共中央沒有決意對三月政變派進行鬥爭。

二、從南昌決議到三月全會必須完成下列工作：

(一)在群眾中要進行反對三月政變派及其領袖蔣介石的擴大宣傳運動。

(二)在湖南要結合國民黨左派（領導人物），以期在全會上能夠進行反對三月政變派的堅決行動。

(三)必須鞏固湖南的軍事基礎。

第二軍在武漢，指揮官受方面軍司令（第十一軍軍長）陳銘樞領導。陳銘樞玩弄兩面手法，他在被解除軍職之後，逃之夭夭。第二軍接著改編。葉挺被任命為軍長（一九二七年三月任國民革命軍第十一軍副軍長兼二十四師師長）。在漢口的軍校也起而反對三月政變派，並與我們結合。在四月間，第四和第二軍完全明瞭，為什麼要打垮南京和蔣介石。

在武漢，我們對於國民黨三月全會的籌備，無論從任何一方面來看都非常出色。這次全會通過了所有必要的決議；在這些決議的基礎上，可以對三月政變派進行積極的鬥爭。三月全會鞏固了共產黨人與國民黨左派的聯盟，共產黨可以參與武漢政府，利用最重要的部門（農政部、內政勞工部）使革命擴大和深入。三月全會的結果，使我們可以斷言，我們利用了蔣介石，也決心要把他像一個擠乾了的檸檬丟掉。

南京基本上是由第二軍和第六軍駐守。他們與我們結合，並且接受國民黨三中全會的決議。事實上，我們在三月政變派陣營中擁有可觀的力量。事後才知道，我們在那裏確實擁有決定性的力量。蔣介石的第一師也向我們靠攏了。根據幾位軍事顧問的說法，當時我們可以拿下南京。在這種情況下，我們就可以很快地推翻蔣介石。但是我們沒有這樣做。這是我們的第一個大錯誤。

一個後果嚴重的錯誤

在佔領南京之後推翻蔣介石的時機，由於我們的過錯而失去了。蔣介石在上海發動政變。對於武漢中心來說，推翻蔣介石的問題，急轉直下。在國民黨內我們仍有往日的權威。對於如何實現推翻蔣介石的問題，就有人徵求我們的主意。但是，在我們自己這一方面卻是意見紛歧。有人主張我們要返回廣東基地，打擊蔣介石的後方。另外有人，其中也包括我個人，堅持繼續北伐。這個方案和不退回南方，得到武漢中心的同意。這個方案是完全正確的。但是，在執行此一方案方面，我們的意見又不一致。有人，其中包括加倫，主張經由河南向北推進，而且是一箭雙鵰：攻打張作霖，即馮玉祥向河南進兵，把攻打張作霖的前線交給馮玉祥，自己則從隴海鐵路向東繞進，攻打南京。另外有人，其中也包括我個人，堅持先解決南京，過江到北岸，然後從那裏進攻北方軍閥。但是我屈從於前一個方案，這是我們在中國犯有嚴重後果的錯誤的原因。

錯在什麼地方？錯在我們要一箭雙鵰。如果我們在一段時間內不去踫張作霖，集中全力攻打南京，那麼南京是可以拿下來的，同時也可以克服我們這一方面的諸多缺陷。至於在我們與國民黨左派之間，由於群眾運動的成長、農民抗爭，以及在武漢三鎮聲勢空前的鬥爭而引起的裂痕，也不會使我們吃驚不安……❺。

我們是跟一個曾經解決諸多大大小小的陳炯明以及打垮吳佩孚和孫傳芳的力量打交道。我們是跟一個曾經有效地對反革命給予致命打擊的力量打交道。我們也是跟一個不怕大英帝國主義，起而反抗並且在十六個月內接二連三地給予重創的力量打交道。但是當這股力量到達長江之際，就在帝國主義的軍艦之前接受了妥協。現在，我們是跟一個要推翻蔣介石的力量打交道；蔣介石相信這股力量會跟從他來反對黨和革命，我們則認為這個小資產階級是會追隨我們的。

事實上，我們沒有推翻蔣介石，因此我們就要容忍其他勢力的存在。但是，這些勢力同我們競爭謀取對小資產階級的影響，因而必須消滅。我們自以為這不是一件特別複雜的事。首先要向北方推進，打垮張作霖，然後繞向東方，解決反革命的巢穴——南京。我們所犯的

---

❺ 原件數行字跡不清，未能譯出。

錯誤就在這裏。

在決定攻打張作霖，放棄首先拿下南京的時候，情況如何？

當時的情況，無論從任何一方面來看都是非常困難的。武漢三鎮的經濟完全依賴：一、來自湖南的主要糧食——米，二、來自四川和三、來自河南的原料。武漢三鎮的對外運輸主要是經過上海。但是，上海是在資產階級和從屬於帝國主義銀行的中國銀行的控制之下，他們對我們施行封鎖。因此，失業情況急劇惡化，僅僅在漢口一地就超過十萬。小資產階級幾乎失去了交易活動，大資產階級早已攜帶白銀逃出武漢三鎮。國民政府的財政瀕於破產。每月想盡辦法籌措一百萬元還不成問題，但是每月支出卻超出一千五百萬元。那裏也沒有任何可以沒收的東西——什麼都沒有了。當我們到達漢口的三天或四天之後，我們就發佈命令，沒收反革命的所有財產。我們有了房產和城市的土地，但是沒人要買。有錢的人早已跑了。因此，那些被沒收的、並且交給財政機構的反革命財產，並未帶來任何收益。

在拿下南京的情況下，我們可以在可觀的程度上改善財政狀況。如果我們能夠突破封鎖，也可以促進貿易活動。對我們來說，解決在西部的楊森等將領，藉以推向通往西部之路，也不會是費力的事。簡言之，如果拿下南京，我們可以解決諸多緊迫的任務，這也影響到我們是否能夠抓住城市民主階層和國民黨左派的問題。

所有這些考慮都強制我們必須進攻南京。但是，我們不顧此一事實，接受了經由河南攻打張作霖的方案。我應該動員一切力量貫徹第一個方案，我應該竭盡全力阻止上述的第二個方案。我不應該被美好的遠景所迷惑，認為在河南打垮張作霖，就可以同時解決蔣介石。我應該向莫斯科呼籲，要經由南京，不要經由河南向北方進攻。我應該說服莫斯科，第一個方案是最好的，無論如何應該貫徹實施。

資訊情況

在這裏，必須談談當時我們對莫斯科和莫斯科跟我們的通訊情況，我這樣做，不是為我們所犯的錯誤加以辯解，而是使同志們瞭解，在被軍閥和帝國主義者包圍下的漢口，我們是在何種不可置信的、困難的條件下進行工作。經常發生的是，在決定性的緊要關頭，無法進行磋商和等待一個指示。有時要在幾個鐘頭之內做成或改變一個決定。但是，由於通訊情況不良，又做不到這一點，也就是要就地決定。在這種情況下，又要工作人員完全聽命於一位發號施令的人。在廣東，我們離莫斯科有一千五百俄里，在漢口，我們又近了一千至二千俄里。但在資訊方面，漢口要比廣州還差，因為我們的線路完全掌握在帝國主義者的手裏。在北京大使館被搜查〔一九二七年四月六日〕之後，我們連派人出去送一封信都不敢為之，因為所有一切都要遭受檢查。

經由沙漠、內外蒙古派遣祕密信使，要費時數月。我自己試過這條路，用了兩個多月。我是由漢口乘坐火車和汽車。那個時候，坐火車還要困難些，因為張作霖控制了鐵路。至於電報更不必談了。莫斯科根本收不到我們的電報，或者是只收到了電報的結尾，前一部分不知道在何處被扣留，或被搞亂了，因為電報要經由帝國主義的線路傳送。相反地，我們在漢口收到的莫斯科來電，也常常是有尾無頭。有數星期之久，我們沒有收到任何消息，特別是我們的北京大使館和上海領事館遭到搜查之後。這也可以解釋在莫斯科發生的諸多令人費解的事件，因為在那裏連續數日之久沒人知道蔣介石要槍殺工人。

現在，我向各位報告一個為期一天的歷史，也就是決定第一個還是第二個方案的命運，而且必須要在幾個鐘頭之內與莫斯科取得聯繫的那一天。早晨在我的住處召開了國民黨中央政治委員會會議。會議通過決議奪取南京。參加會議的將領馬上獲得相應指示，做好準備，在當天之內把部隊開往南京。

就在當天，有人在搞撤銷這個決議的工作。那些贊成第二個方案並且參與當天會議的人，顯然還沒有放棄他們改變這個決議的希望，其中之一的鄧演達，就在這一天而且就在這一方面做了可圈可點的工作。他被加倫說服，認為第二個方案是最好的。他從這個將領到另外一個將領，從這個中央委員到另外一個中央委員，勸說他們：第二個方案是最好的。因為這個關係，到了晚上又召開了一次會議，以期改變決定，採取第二個方案。我用電話聯絡每一個可以找到的人，但是晚上的會議又決議採取第二個方案。

從這一時刻開始，我在國民黨上層領導的權威開始動搖了。

我們失誤的後果

河南戰事是一場激烈的苦鬥。首先我們與張作霖的有優良指揮以及有重砲和彈藥裝備的精銳部隊交鋒，但是我們什麼都沒有。接著是有名的「紅槍會」切斷我們通往後方獲得補給的交通線。經過幾天的戰鬥，我們在河南有數千傷亡，其中有共產黨青年的精華（第二軍及第四軍）。你們可以想像得到，用一枝步槍和五十發子彈攻打坦克會是個什麼樣子。

在付出重大傷亡的代價的情形下，馮玉祥獲得向河南推進的機會。在那裏，他要一如我們所期待的那樣，接收反張作霖的前線；我們自己要從隴海鐵路進攻南京。但是，我們的如意算盤不久證實完全落空。因為此時蔣介石已經抵達隴海線上的蘇州。現在一切都取決於馮玉祥。他要在武漢與蔣介石之間做一抉擇。在今天看來，他的動機已不重要，即為什麼他——根據他自己的說法——不得不反對我們的方案的下半部分，也就是進攻南京。重要的是，他破壞了我們的計畫，從而使我們未能實現此一方案。不能攻打南京，我們就不得不退回湖北，以免澈底失去後方。這是我們失誤的第一個後果。

當我們困在河南的時候，蔣介石輕取蘇州；在財政方面處於一個較佳的處境，也能在我們的後方搞工作。他利用在上海的最大收益，收買夏斗寅、楊森和其他軍閥，並唆使這些人來反對我們。蔣介石能夠，至少是短暫地，拉攏住馮玉祥，並且在漢口的日本租界建立一個參謀班底，從那裏來破壞我們的後方。這樣我們就陷入一個軍事包圍之中，沒有我們從河南退回湖北的軍隊，我們就無法解救自己。但是最重要的，還是武漢的經濟情況，一天比一天壞。至於財政方面更是比以前還慘不堪言。由於蔣介石在上海和南京的優勢，對我們的封鎖也日見加緊。就是在這種情況下，依然有人相信，我們確實在進攻南京，確實能夠打垮南京。

所有這些發展的結果是，國民黨左派開始動搖。當一切順利進行的時候，他們還聽從我們，但現在的情況，在他們看來是走投無路。他們先是驚惶失措，接著為了拯救自己，逐漸對群眾運動和中共的影響保持距離。他們的信心動搖了，不再相信我們總是卓越的建議。汪精衛就訴苦說：我們勸告過他，打到河南去。結果是武漢喪失了數千人，就是為了給馮玉祥去河南的機會，背叛武漢。

客觀上，正確的說法應該是，在這段時間，國民黨左派夢想取得整個權力，甚至不惜與共產黨人進行決裂。有些顯而易見的事情是不能談論的，譬如農業改革和城市中空前成長的階級鬥爭會使國民黨左派驚恐不安，從而要脫離革命，從此一事實中，應該得到適當的結論。這種說法合乎幾年前的情況，現在也是如此，這一直是顯而易見的。

但是，不是顯而易見的，則是脫離革命的速度。國民黨左派遲早有一天要脫離革命；毫無疑問地，在這段時期，我們還可以領導這個民主階層渡過一段較長的日子，至少可以到我們尖銳地提出蘇維埃問題和無產階級與農民的民主專政問題時為止。但是我們失去了這個以國民黨左派姿態出現的民主階層，因為他們對我們的力量沒有信心。國民黨左派當時驚惶失措，在這種驚惶失措的影響下，他們開始解體。從現在開始，國民黨左派建立了一套意識形態，用來辯解他們與共產黨人的決裂。國民黨左派以為這樣就可以把他們從絕境中救出來。

正在革命的艱苦時刻，小資產階級的國民黨進行了可恥地臨陣脫逃。從現在開始，他們發表文章，用以證明為什麼國共兩黨一定要分道揚鑣。顧孟餘的一篇綱領性文章的題目就是：「孫文主義與虛無主義」，他是小資產階級的帶頭人之一，就被我們當時的處境嚇得要死。他在這篇文章中說，孫文主義表示有所創造的革命，但是虛無主義（對他來說，虛無主義就是共產主義，中國共產黨的作為是虛無主義的）是破壞的，一無是處。當時有人現身說法，證明國共必須分家。但也有一些人如汪精衛，還在革命與反革命之間搖擺不定。

在一個不適當的時刻失去了以國民黨左派姿態出現的小資產階級，從而導致跟他們過早的破裂，這是我們失誤的第二個後果。

在這種情況下，我們別無良策，只有從河南撤回第四、第二和第二十軍的部分隊伍，用來解決後方的敵人，挽救局勢。

一個典型的事例是，已經開始解體的國民黨左派，依然念念不忘進兵南京的構想，一直到葉挺和賀龍發動起義為止。雖然他們公然宣揚國共分家的思想，但是還未決心投入南京反動勢力的懷抱。他們仍抱有幻想：如果他們與共產黨人破裂，就可以得到軍事將領的支持（因為跟共產黨人分手，也就是跟群眾運動分手），發動對南京的攻勢。此時我們也是別無選擇：不是我們與國民黨左派分家獨當一面，或是再接再厲，從國民黨左派中集結那些可以共同攜手的左派分子，完成我們未竟的事業，也就是設法進攻南京。

如果有人譴責起義，那這個人就是一個無聊的傢伙，但是也不能玩弄起義，如果沒有一定程度的成功把握，就不允許輕舉妄動。但是這個武裝起義與在湖南各地發生的農民奪權、分地的暴動不同，這個起義的結果，應該是打跑國民政府的武漢中心，使政權能夠轉移到共產黨人和堅持繼續與共產黨人聯盟的鄧演達、宋慶齡等國民黨左派人士的手裏。

事實上，這是一個共產黨人自己的起義，既反對南京中心，也反對武漢中心。這就表示這是為了實現無產階級與農民階層的專政而進行的直接鬥爭。我們很想把這場鬥爭加上「民主專政」字樣，我們沒有這樣的準備，當時也沒有這樣的打算。

如果我們考慮到當時的所有事態，全盤局勢，就會得出下面的結論：這樣的起義是不會成功的。大錯鑄成。現在我們是自食此一錯誤的苦果。

中國共產黨在武漢後期的領導

中共中央在一九二七年四月才由上海遷移到漢口，因為要在五月召開五大。中共中央遷到之後，就開始沒完沒了的討論。在四月和五月，談不上中共中央的任何領導，對於任何一個問題總是意見紛歧。在有國民黨人參加的會議上，中共中央的委員在沒有事前與中共中央取得共識之前就唱對臺戲，發表不負責任的聲明。

必須指出的是，中共中央在這整個時間，許多年來，都在上海，在法國租界。就因為處在法國租界，在很大的程度上與中國人的生活隔絕。我一再建議中共中央遷往廣州，但是以前的中央委員陳獨秀等人沒有善意的回應。因此從廣州，從這個主要基地向全國推展的運動，就沒有得到中共中央應有的領導。

在廣州的一次會議上，是中共中央政治局的會議，我就指出：對我來說，中共中央像一個書評人；他等著書出版之後，再來讀它，然後撰寫書評——或褒或貶。中共中央是在獲悉廣州發生的事情之後，再來確認或是予以譴責。

在從一九二六年底到一九二七年五月底這段整個的武漢時期，中共中央不是運動的中心；有時中共中央在上海（至一九二七年四月），或是在五大召開之前和召開之際有將近兩個月的時光浪費在討論方面，在五大之後，意見仍然未能統一。陳獨秀也馬上走了。對於這個或那個國民黨人說了些什麼，中共中央討論沒完。

有些同志指責我，說我沒有關心中共中央要確實執行共產國際的指示。這個指責是沒有理由的。我反對過早地與武漢中心破裂，並且擔心發生混亂的政變式的行動。共產國際的指示並沒有要求發展群眾運動、進行農業改革，使國民黨無產階級化和農民化以及武裝工農。這也是我的一貫立場。我也這樣做了。此後，國民黨左派就揭發了我的這種做法。

結束語

七月初，我對中共中央發表了一篇關於目前形勢的報告。現在我重提這個報告的重點，就是在今天還可以用來回答中國革命前景的問題。我說，在中共黨內沒有取消派的位置，我勸告有取消派情緒的中央委員們馬上到莫斯科去。我也說，革命面臨一個高潮，因此黨內沒有取消派的位置。我說，在長江地區國民革命運動已經分成兩個主要陣營。一方面是封建的、資產階級的集團，並且有各式各樣的軍事將領跟著搖旗吶喊。另一方面是無產階級、農民階層和在革命與反革命之間搖擺不定的城市民主勢力。我們還不能說，我們已經永遠失去這些城市的民主勢力。至於是否能夠帶動這個資產階級，這要看無產階級和農民階層的勢力成長的程度。

如果由於國民革命前線的解體，因而無法喊出無產階級和農民階層的民主專政，這也證明資產階級也沒有足夠的力量來奪取政權。資產階級無力奪取政權，情勢就不能穩定下來，不能統一中國，不能解決所有無法拖延下去的任務。做不到這一點，也就永遠不得安寧。在中國不會出現卡瑪爾或墨索里尼。在南京，在一個勢不兩立的矛盾基礎上進行的鬥爭，是不可避免的。在武漢，解體與衰變，也是勢所難免。

中國的資產階級也像帝國主義國家那樣，分成為很多團體。部分資產階級依賴日本，又有一部分依賴英國、美國等等。他們並沒有形成一個統一的基礎，在這個基礎上增長力量來統一中國。至於軍閥（有上百的老、新軍閥），他們也不能夠攜手合作，來解決這個國家所面臨的任何一個嚴肅的任務。自從一九一四年以來，帝國主義忙於處理他們自己的事情。戰事結束後，他們又忙於掠奪德國，忙於解決本身的穩定問題。因為這個關係，有幾年他們無力插手中國事務。現在情況不同了。現在，由於南京、武漢的矛盾和華北的混亂局勢，帝國主義者就不會像在帝國主義進行戰爭之際，以及在他們的穩定時期袖手旁觀。因此，來自帝國主義方面的侵略活動就不可避免。當我們在長江還是很強大的時候，他們對於國民革命運動戴著友誼和善意的假面具。但是現在他們丟下這個面具；英國人無意撤出上海，日本人也已經進入山東。帝國主義者的侵略行動要在比以前更為可觀的程度上出現，是可以斷言的。但是，它也勢將引起民族抵抗的新的浪潮。如果國民黨左派領導已經開始背叛，這並不等於說，不會發生對帝國主義新的侵略進行反抗。

根據以上對於局勢的分析，我的結論是，中國革命面臨一個新的高潮。我們對於這個新的高潮應該有所準備，奪取政權。我們要把我們整個的宣傳鼓動，我們的全部組織建立在這個基礎之上。

滄海叢刊書目（一）

國學類

中國學術思想史論叢（一）～（八）	錢　穆　著
現代中國學術論衡	錢　穆　著
兩漢經學今古文平議	錢　穆　著
宋代理學三書隨劄	錢　穆　著
論語體認	姚式川　著
論語新注	陳冠學　著
西漢經學源流	王葆玹　著
文字聲韻論叢	陳新雄　著
楚辭綜論	徐志嘯　著

哲學類

國父道德言論類輯	陳立夫　著
文化哲學講錄（一）～（六）	鄔昆如　著
哲學與思想	王曉波　著
內心悅樂之源泉	吳經熊　著
知識、理性與生命	孫寶琛　著
語言哲學	劉福增　著
哲學演講錄	吳　怡　著
日本近代哲學思想史	江日新　譯
比較哲學與文化（一）（二）	吳　森　著
從西方哲學到禪佛教——哲學與宗教一集	傅偉勳　著
批判的繼承與創造的發展——哲學與宗教二集	傅偉勳　著
「文化中國」與中國文化——哲學與宗教三集	傅偉勳　著
從創造的詮釋學到大乘佛學——哲學與宗教四集	傅偉勳　著
佛教思想的現代探索——哲學與宗教五集	傅偉勳　著
中國哲學與懷德海	東海大學哲學研究所主編

人生十論　錢　穆　著
湖上閒思錄　錢　穆　著
晚學盲言（上）（下）　錢　穆　著
愛的哲學　蘇昌美　著
是與非　張身華　譯
邁向未來的哲學思考　項退結　著
逍遙的莊子　吳　怡　著
莊子新注（內篇）　陳冠學　著
莊子的生命哲學　葉海煙　著
墨家的哲學方法　鍾友聯　著
韓非子析論　謝雲飛　著
韓非子的哲學　王邦雄　著
法家哲學　姚蒸民　著
中國法家哲學　王讚源　著
二程學管見　張永儁　著
王陽明
——中國十六世紀的唯心主義哲學家　張君勱著、江日新　譯
王船山人性史哲學之研究　林安梧　著
西洋百位哲學家　鄔昆如　著
西洋哲學十二講　鄔昆如　著
希臘哲學趣談　鄔昆如　著
中世哲學趣談　鄔昆如　著
近代哲學趣談　鄔昆如　著
現代哲學趣談　鄔昆如　著
思辯錄
——思光近作集　勞思光　著
中國十九世紀思想史（上）（下）　韋政通　著
存有・意識與實踐
——熊十力體用哲學之詮釋與重建　林安梧　著
先秦諸子論叢　唐端正　著
先秦諸子論叢（續編）　唐端正　著
周易與儒道墨　張立文　著
孔學漫談　余家菊　著
中國近代新學的展開　張立文　著
哲學與思想
——胡秋原選集第二卷　胡秋原　著

從哲學的觀點看	關子尹 著
中國死亡智慧	鄭曉江 著
後設倫理學之基本問題	黃慧英 著
道德之關懷	黃慧英 著
異時空裡的知識追逐 ——科學史與科學哲學論文集	傅大為 著

宗教類

天人之際	李杏邨 著
佛學研究	周中一 著
佛學思想新論	楊惠南 著
現代佛學原理	鄭金德 著
絕對與圓融 ——佛教思想論集	霍韜晦 著
佛學研究指南	關世謙 譯
當代學人談佛教	楊惠南 編著
從傳統到現代 ——佛教倫理與現代社會	傅偉勳 主編
簡明佛學概論	于凌波 著
修多羅頌歌	陳慧劍 譯著
禪話	周中一 著
佛家哲理通析	陳沛然 著
唯識三論今詮	于凌波 著

應用科學類

壽而康講座	胡佩鏘 著

社會科學類

中國古代游藝史 ——樂舞百戲與社會生活之研究	李建民 著
憲法論叢	鄭彥棻 著
憲法論集	林紀東 著
國家論	薩孟武 譯
中國歷代政治得失	錢穆 著
先秦政治思想史	梁啟超原著、賈馥茗標點
當代中國與民主	周陽山 著

釣魚政治學	鄭赤琰 著
政治與文化	吳俊才 著
中華國協與俠客清流	陶百川 著
世界局勢與中國文化	錢穆 著
海峽兩岸社會之比較	蔡文輝 著
印度文化十八篇	糜文開 著
美國社會與美國華僑	蔡文輝 著
日本社會的結構	福武直原著、王世雄 譯
文化與教育	錢穆 著
開放社會的教育	葉學志 著
大眾傳播的挑戰	石永貴 著
傳播研究補白	彭家發 著
「時代」的經驗	汪琪、彭家發 著
新聞與我	楚崧秋 著
書法心理學	高尚仁 著
書法與認知	高兆仁、管唐慧 著
清代科舉	劉兆璸 著
排外與中國政治	廖光生 著
中國文化路向問題的新檢討	勞思光 著
立足臺灣，關懷大陸	韋政通 著
開放的多元化社會	楊國樞 著
現代與多元——跨學科的思考	周英雄主編
臺灣人口與社會發展	李文朗 著
財經文存	王作榮 著
財經時論	楊道淮 著
經營力的時代	青龍豐作著、白龍芽 譯
宗教與社會	宋光宇 著

史地類

古史地理論叢	錢穆 著
歷史與文化論叢	錢穆 著
中國史學發微	錢穆 著
中國歷史研究法	錢穆 著
中國歷史精神	錢穆 著
中華郵政史	張翊 著

憂患與史學	杜維運　著
與西方史家論中國史學	杜維運　著
清代史學與史家	杜維運　著
中西古代史學比較	杜維運　著
歷史與人物	吳相湘　著
歷史人物與文化危機	余英時　著
共產國際與中國革命	郭恒鈺　著
共產世界的變遷 ——四個共黨政權的比較	吳玉山　著
俄共中國革命祕檔（一九二〇～一九二五）	郭恆鈺　著
抗日戰史論集	劉鳳翰　著
盧溝橋事變	李雲漢　著
歷史講演集	張玉法　著
老臺灣	陳冠學　著
臺灣史與臺灣人	王曉波　著
變調的馬賽曲	蔡百銓　譯
黃　帝	錢　穆　著
孔子傳	錢　穆　著
宋儒風範	董金裕　著
弘一大師新譜	林子青　著
精忠岳飛傳	李　安　著
鄭彥棻傳	馮成榮　著
張公難先之生平	李飛鵬　著
唐玄奘三藏傳史彙編	釋光中　編
一顆永不殞落的巨星	釋光中　著
新亞遺鐸	錢　穆　著
困勉強狷八十年	陶百川　著
困強回憶又十年	陶百川　著
我的創造・倡建與服務	陳立夫　著
我生之旅	方　治　著
逝者如斯	李孝定　著

語文類

文學與音律	謝雲飛　著
中國文字學	潘重規　著
中國聲韻學	潘重規、陳紹棠　著

文字聲韻論叢	陳 新 雄 著
魏晉南北朝韻部之演變	周 祖 謨 著
詩經研讀指導	裴 普 賢 著
莊子及其文學	黃 錦 鋐 著
管子述評	湯 孝 純 著
離騷九歌九章淺釋	繆 天 華 著
陶淵明評論	李 辰 冬 著
鍾嶸詩歌美學	羅 立 乾 著
杜甫作品繫年	李 辰 冬 著
唐宋詩詞選 ——詩選之部	巴 壺 天 編
唐宋詩詞選 ——詞選之部	巴 壺 天 編
清真詞研究	王 支 洪 著
苕華詞與人間詞話述評	王 宗 樂 著
優游詞曲天地	王 熙 元 著
月華清	樸 月 著
梅花引	樸 月 著
元曲六大家	應裕康、王忠林 著
四說論叢	羅 盤 著
紅樓夢的文學價值	羅 德 湛 著
紅樓夢與中華文化	周 汝 昌 著
紅樓夢研究	王 關 仕 著
紅樓血淚史	潘 重 規 著
中國文學論叢	錢 穆 著
牛李黨爭與唐代文學	傅 錫 壬 著
迦陵談詩二集	葉 嘉 瑩 著
西洋兒童文學史	葉 詠 琍 著
一九八四	George Orwell原著、劉紹銘 譯
文學原理	趙 滋 蕃 著
文學新論	李 辰 冬 著
文學圖繪	周 慶 華 著
分析文學	陳 啟 佑 著
學林尋幽 ——見南山居論學集	黃 慶 萱 著
中西文學關係研究	王 潤 華 著

魯迅小說新論	王　潤　華　著
比較文學的墾拓在臺灣	古添洪、陳慧樺主編
從比較神話到文學	古添洪、陳慧樺主編
神話即文學	陳　炳　良等譯
現代文學評論	亞　　菁　著
現代散文新風貌	楊　昌　年　著
現代散文欣賞	鄭　明　娳　著
葫蘆・再見	鄭　明　娳　著
實用文纂	姜　超　嶽　著
增訂江皋集	吳　俊　升　著
孟武自選文集	薩　孟　武　著
藍天白雲集	梁　容　若　著
野草詞	韋　瀚　章　著
野草詞總集	韋　瀚　章　著
李韶歌詞集	李　　韶　著
石頭的研究	戴　　天　著
寫作是藝術	張　秀　亞　著
讀書與生活	琦　　君　著
文開隨筆	糜　文　開　著
文開隨筆續編	糜　文　開　著
印度文學歷代名著選（上）（下）	糜　文　開編譯
城市筆記	也　　斯　著
留不住的航渡	葉　維　廉　著
三十年詩	葉　維　廉　著
歐羅巴的蘆笛	葉　維　廉　著
移向成熟的年齡 ——1987～1992詩	葉　維　廉　著
一個中國的海	葉　維　廉　著
尋索：藝術與人生	葉　維　廉　著
從現象到表現 ——葉維廉早期文集	葉　維　廉　著
解讀現代・後現代 ——文化空間與生活空間的思索	葉　維　廉　著
山外有山	李　英　豪　著
知識之劍	陳　鼎　環　著
還鄉夢的幻滅	賴　景　瑚　著

大地之歌	大地詩社 編
往日旋律	幼 柏 著
鼓瑟集	幼 柏 著
耕心散文集	耕 心 著
女兵自傳	謝冰瑩 著
詩與禪	孫昌武 著
禪境與詩情	李杏邨 著
文學與史地	任遵時 著
抗戰日記	謝冰瑩 著
給青年朋友的信（上）（下）	謝冰瑩 著
冰瑩書柬	謝冰瑩 著
我在日本	謝冰瑩 著
大漢心聲	張起鈞 著
人生小語（一）～（七）	何秀煌 著
人生小語（一）（彩色版）	何秀煌 著
記憶裡有一個小窗	何秀煌 著
回首叫雲飛起	羊令野 著
康莊有待	向 陽 著
湍流偶拾	繆天華 著
文學之旅	蕭傳文 著
文學邊緣	周玉山 著
文學徘徊	周玉山 著
無聲的臺灣	周玉山 著
種子落地	葉海煙 著
向未來交卷	葉海煙 著
不拿耳朵當眼睛	王讚源 著
古厝懷思	張文貫 著
材與不材之間	王邦雄 著
劫餘低吟	法 天 著
忘機隨筆——卷一・卷二・卷三・卷四	王覺源 著
詩情畫意——明代題畫詩的詩畫對應內涵	鄭文惠 著
文學與政治之間——魯迅・新月・文學史	王宏志 著
洛夫與中國現代詩	費 勇 著